KB142814

성공을 결정짓는 생각 차이

성공은 얼마든지 예측할 수 있다

PREDICTABLE SUCCESS

성공을 결정짓는 생각차이

레스 맥케온 지음
정 향 옮김

말글빛냄

들어가기 전에

나는 이 책을 통해 어떻게 하면 사람들이 지속적으로 —그리고 비교적 쉽게— 성공의 목표를 달성할 수 있는지 설명한다. 과연 어떻게 하면 '예측가능한 성공'을 손에 넣을 수 있을까?

예측가능한 성공은 누구나 도달할 수 있는 현실적인 목표이다. 특별한 기술도 필요하지 않고, 믿음도 필요하지 않으며, 마법의 주문을 외울 필요도 없다. 특별한 비결을 알고 있어야 하는 것도 아니다. 즉, 예측가능한 성공의 원칙은 쉽고 단순하다. 그렇기 때문에 특별히 학습하지 않아도 기본 개념과 핵심 원리를 알 수 있다.

오히려 대부분의 독자들은 직관적으로 또는 과거의 경험으로부터 예측가능한 성공을 이루는 데 필요한 것들을 이미 알고 있다는 사실을 깨닫게 될 것이다. 팀으로 일을 할 경우 이미 무의식적으로 성공의 여러 원칙을 실천하고 있을 가능성이 크다. 이 책은 그러한 깨달음을 활용하는 데 필요한 방법론과 지식을 제시한다. 그래서 보다 빠르게 개인과 조직을 예측가능한 성공으로 이끌게 해준다.

예측가능한 성공 원칙은 보편적이다. 주로 비즈니스 상황을 상정해 글을 쓰긴 했지만 이 책에서 소개하는 성공 원칙은 어느 상황에서든, 어느 집단에서든 유효하다. 부서, 프로젝트팀, 비영리단체, 정부기관, 비정부조직, 자선단체, 스포츠팀, 교회 모임 혹은 가족 모임 등에도 효과가 있다. 어떤 일을 함께 하는 집단의 일원이거나 리더라면 모두 예측가능한 성공을 필요로 한다. 이 책에는 그 비결이 담겨 있다.

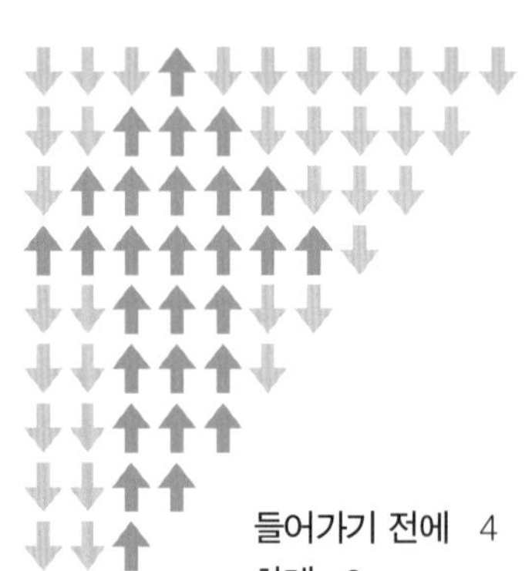

들어가기 전에 4

차례 6

서론 _ 성공은 얼마든지 예측할 수 있다 9

1부 여행떠나기

– 지도만 있으면 어디로 가는지 알 수 있다

1장 기업의 성공은 어떤 모습일까? 16

2장 **생존싸움** _ 어떻게 해서든 살아남아야 한다 46

3장 **재미** _ 수익과 즐거움을 동시에 거머쥐어라 63

4장 **급류** _ 효율성을 높이기 위한 복잡함과의 사투 84

5장 **예측가능한 성공** _ 완벽한 균형을 잡아 성공하고, 배워라 109

6장 **쳇바퀴** _ 열심히 일하지만 성과는 없다 132

7장 **판박이** _ 안전한 곳에 틀어 박혀 아무 소용없는 일을 한다 158

8장 **소멸** _ 찬란한 영광이 조용히 사라지다 176

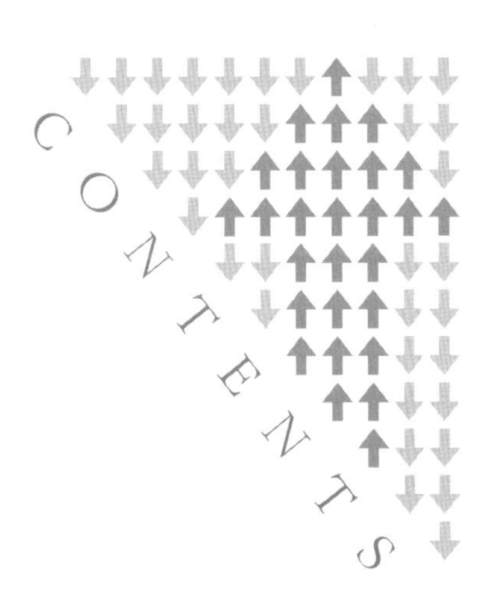

2부 도착

– 예측가능한 성공에 머물기

9장 **난관을 뚫고** _ 급류를 헤치고 예측가능한 성공으로 182

10장 **너무 많이 갔을 때 해야 할 일** _ 쳇바퀴에서 빠져나오기 223

11장 **정상에서 머물기** _ 성공단계에 영원히 머물 수 있다 256

* 이 책에 실린 사례는 지난 몇 년 동안 함께 일하면서 교훈을 얻은 수백 개 기업의 이야기를 참고로 했다. 특정 인물 또는 기업의 상황과 비슷해도 순전히 우연이며, 절대 의도한 것이 아니다.

서론

성공은 얼마든지 예측할 수 있다

예측가능한 성공이란 조직, 기업, 부서, 팀, 프로젝트팀 등 어떤 한 집단이 지속적으로 그리고 비교적 쉽게 공통의 목표를 달성하는 상태를 말한다.

조직을 관리하는 사람이 예측가능한 성공을 알아야 하는 이유는 간단하다. 경영자와 기업의 구성원들이 성공하는 방법을 알고 있다면 경영이 훨씬 더 쉬워지기 때문이다. 승리하는 방법을 알고 있는 축구팀을 이끌기가 더 쉽지 않겠는가. 이미 메이저대회에서 15번 우승했다면 마스터스 토너먼트에서 우승컵을 손에 쥐기가 더 쉽듯이, 성공하는 방법을 아는 기업은 그렇지 않은 기업에 비해 훨씬 더 경쟁에 유리하다.

예측가능한 성공 상태에 있지 않은 조직을 경영한다는 것은 인내심을 시험하는 일이다. 과연 조직이 성공할지 실패할지 가늠이 어려우며 성공한다 해도 왜 성공했는지 알기도 어렵다. 또한 성공을 계속 이어갈 수 있도록 성공 요인을 포착하고 유지하기도 어렵다.

가속 페달을 밟으면 차가 움직일까?

예측가능한 성공에 도달하는 조직의 비율은 낮다. GE의 CEO인 제프리 이멜트(Jefferey Immelt)는 "이 회사에서는 가속 페달을 밟으면 차가 앞으로 나간다"고 말했다. 분명한 진리이지만 현실은 그렇지 않다. 기업의 CEO가 힘껏 가속 페달을 밟아도 차가 앞으로 나가지 않을 수 있다. 운이 좋아 앞으로 나간다 해도 기대하지 않은 엉뚱한 방향으로 가는 일도 많다.

많은 리더들은 차가 당분간은 굴러가게 할 수 있어도 언제든 멈출 수 있다는 잠재적인 두려움에 끊임없이 시달린다. 고속도로를 신나게 달리다가 기름이 떨어질 때의 가슴 철렁한 기분을 느껴본 적이 있는가? 가속 페달을 아무리 밟아도 차의 속력이 떨어지기 시작해서 결국은 탈탈거리다가 멈춰버린다.

대부분의 경영자는 매일 그런 현실에 직면한다. 예측과 희망, 결단이 매일매일 미지의 일과 뜻밖의 일 때문에 가로막힌다. 만약 운이 좋으면 차가 앞으로 나아갈 것이다. 만약 오늘 움직이지 않으면 내일 움직일지 모른다. 그 방향이 맞을 수도 있고 틀릴 수도 있다. 어쩌면 의도한 방향으로 오래 나아갈 수도 있지만 내일 아침 갑자기 멈출 수도 있다. 어떻게 될지는 아무도 알 수 없는 것이다.

매일 아침 잠에서 깨어나 "이 회사에서는 가속 페달을 밟으면 차가 앞으로 나아간다"라고 말할 수 있는 사람은, 예측가능한 성공 상태에 있는 조직의 리더뿐이다. 이 책은 그런 리더가 되려면 어떻게 해야 하는지 알려준다. 조직, 기업, 부서, 프로젝트팀, 단체 또는 팀을 어떻게 하면 예측가능한 성공으로 이끌 수 있는지, 어떻게 하면 그 상태에 머물게 할 수 있는지를 알려준다.

예측가능한 성공 상태에 있는 조직은 운영하기가 훨씬 쉽다. 그렇다면 그 상태에 도달하는 기업, 사업부, 부서, 프로젝트팀, 그룹 또는 팀은 왜 그렇게 적을까? 자신이 책임지고 있는 사람들을 예측가능한 성공으로 이끄는 창업자, 오너, 리더와 경영자가 왜 많지 않을까?

그 이유는 이상하지만 단순하다. 그러한 것이 존재한다는 사실을 알지 못하기 때문이며, 그러한 것이 있다는 사실을 말해주는 사람이 없기 때문이다. 아무도 우리에게 성공이란, 배우고 재현할 수 있으며, 이해하고 측정할 수 있고, 관리하고 지속시킬 수 있는 것이라고 말해주지 않는다.

우리는 현금흐름, 인사·인재관리, 세일즈, 가격 책정, 전략 및 전술, 5P와 6시그마 등 온갖 정보의 조각에 대해 듣는다. 그러나 이 모든 조각들을 어떻게 통합해야 스쳐가는 성공이 아닌 지속적인 성공을 이룰 수 있는지는 알지 못한다. 적절히 대처하면 어떤 환경에서든 성공을 일궈낼 수 있다는 사실을 알지 못한다. 즉, 우리는 성공에 필요한 도구와 기대를 갖고 있지만 그 2개를 통합해 확실하고 지속적인 성공에 도달하는 방법은 모른다.

이처럼 무언가가 빠져 있기 때문에, 즉 수단과 목표 사이에 확실한 연결고리가 없기 때문에 성공을 일궈내고 유지한 경험을 돌이켜보면 매우 단편적이다. 뭔가가 통할 때도 있고 통하지 않을 때도 있다. 자동차가 앞으로 나갈 때도 있고 멈출 때도 있다. 이는 그저 개별적인 경험에 지나지 않는다.

그런 이유로 기업의 오너이자 경영자인 우리는 암암리에 엉터리 신념체계를 만들어낸다. 바로 무슨 일이든 '열심히 하기만 하면' 성공이 찾아온다는 잘못된 신념이다. 이러한 신념 때문에 성공은 잠긴 금고 속에서 비밀번호를 풀어주기만 기다리고 있다. 열심히 일하다 보면, 즉 매일매일 여러 비밀번호를 조합하다 보면 운이 좋은 어느 날 제대로 맞힐 수 있다고 생각한다. 그러면 금고 문이 찰칵 하고 열리며 성공을 손에 넣을 것이다.

비밀번호는 의외로 쉬운 곳에

이러한 신념은 어느 정도는 맞다. 어느 조직에든 지속적으로, 그리고 예측가능하게 성공의 문을 열 수 있는 비밀번호가 있다. 그러나 무작정 열심히 한다고 해서 금고의 문이 열리지는 않는다. 비밀번호의 조합은 무수히 많기에 매일매일 엄청난 숫자의 번호를 눌러야 한다.

오히려 예측가능한 성공의 비밀번호는 빤히 볼 수 있는 곳에 있다. 그것을 발견하려고 마음만 먹으면 누구든지 번호를 알아낼 수 있다. 바로 그 비밀번호가 이 책에 들어 있다.

조직을 예측가능한 성공의 반열에 올려놓기 위해 매일 실험을 할 필요는 없다. 오랜 세월 동안 수많은 조직이 탄생-성장-소멸의 과정을 거쳐왔기 때문에 성공과 실패의 요인을 분석하고 어느 지점에서 전환점을 이루었는지를 알면 성패의 패턴은 명확해진다.

그 성패의 비밀이 이 책에 담겨 있다. 흥망성쇠 과정의 어디에서 무엇을 찾아야 할지, 눈에 보이는 것을 어떻게 해석해야 할지, 눈에 보이지 않는 것을 어떻게 찾아내 적용하고 활용해야 하는지를 일깨워준다.

1부

여행 떠나기

지도만 있으면 어디로 가는지 알 수 있다

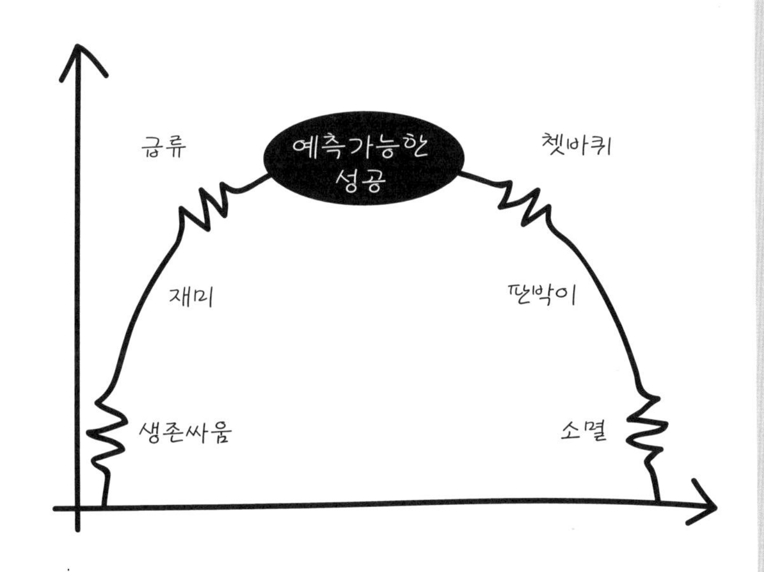

1장

기업의 성공은 어떤 모습일까?

첫 미팅을 갖기 위해 마이크의 회사를 방문했을 때 그는 나를 회의실로 안내했다. "제 방은 어수선해서요." 하지만 회의실도 어수선하긴 마찬가지였다.

회의 도중에 마이크의 비서는 결재서류에 서명을 받으러 와서 이런저런 질문을 했다. 이후에도 몇 가지 확인할 게 있다며 계속 들락거렸다. 다른 직원들도 토막 소식을 전하거나 확인을 위해 회의실을 기웃거렸다. 전화가 걸려오는가 하면 통화 중일 때 또 다른 직원이 마이크를 찾기도 했다. 차라리 근처의 스타벅스에서 만나는 편이 훨씬 더 좋았을 텐데….

내가 마이크의 회사를 찾은 것은 지난 18개월 동안 성장이 멈춰버린 이유를 찾기 위해서였다. 마이크는 125명의 직원을 둔 페인트 유통회사의 창업자이자 CEO다. 미팅을 하는 90분 동안 당연히 그를 필요로 하는 직원들이 많을 것이다. 그러나 내가 그날 목격한 모습은 정상이 아닌 것이 분명했다. 마이크와 이야기를 나누면서 그가 들려주는 말보다 내 눈으로 본 것이 더 중요하다는 사실이 분명해졌다.

마이크의 회사는 '급류' 단계에 도달해 있었다. 회사가 성장하면서 초기의 패기만만하고 신속하며 자유로운 문화는 맞지 않게 되었다. 그런데도 회사는 점점 무질서의 늪에 빠져들고 있었다. 다시 질서를 세우고 업무 프로세스와 제도를 확립하는 것이 무엇보다 절실했다.

마이크와 회의를 마친 뒤 시설을 돌아보고 핵심 직원들을 만났다. 이 회사가 급류 단계의 절정에 이르렀다는 것은 점점 더 분명해졌다. 우리는 다음 달에 다시 만나기로 하고 헤어졌다. 그동안 마이크는 지난 4분기의 영업 현황에 관한 자료를 보내주기로 했다. 그리고 나는 회사를 위한 최선의 방법을 찾아 돌아오겠노라고 약속했다.

2주 뒤, 나는 공공 금융기관의 소비자본부 영업이사를 맡고 있는 글로리아를 만났다. 글로리아와의 만남은 마이크를 만났을 때와는 완전히 달랐다. 그녀는 조용한 말소리가 들려오는 사무실 2개 층을 보여주었다. 그런 다음 나를 상사에게 잠깐 소개했다. 그러고는 지금까지 내가 보았던 곳 중에서 가장 깔끔하고 안락한 사무실로 안내했다. 회의를 방해하는 것은 아무것도 없었다. 그녀는 컬러로 복사된 서류를 건네주었다. 서류는 스프링으로 철이 되어 있었고 다양한 그래프와 분석자료가 첨부되었다.

글로리아와 함께 서류를 검토하면서, 마이크의 회사가 안고 있는 문제와 완전히 똑같은 문제에 대해 고민하기 시작했다. 금융업계가 전반적으로 호황임에도 불구하고 이 회사는 17분기 연속 성장하던 성장세가 멈춘 채 답보 상태에 머물러 있었다.

자료를 검토하는 과정에서 글로리아는 3명의 부하 관리자에게 프레젠테이션을 지시했다. 말쑥한 차림의 직원들은 유창한 프레젠테이션 실력으로 자료들을 분석해주었다. 프레젠테이션이 끝난 뒤 글로리아와 관리자들은 여러 의견을 나누었는데 그 모습을 지켜보던 나는 그들의 토론이 정형화되어 있다는 것을 금방 알아챘다. 그들은 약어와 전문용어를 쓰면서, 그럴듯해 보이지만 실은 알맹이가 없는 질문들을 주고받았기 때문이었다. 대화도 대부분 과장되었고, 심지어는 미리 연습을 한 것처럼 보였다. 마이크의 회사에서처럼 이러한 상황을 지켜보기만 해도 글로리아의 회사가 '쳇바퀴' 단계에 있음을 알 수 있었다.

이 단계는 기업이 일정한 성장을 이룬 후에 도달하는 단계다. 이 단계에서는 정형화된 업무 프로세스와 제도가 깊이 뿌리를 내려 창의성이 결여되고 리스크를 피하려 한다. 3명의 관리자들과 개별 미팅을 가진 후 모든 것은 더욱 분명해졌다. 이들은 허심탄회한 토론 대신 자료를 분석하는 일에만 급급했다. 또한 명령 복종과 획일성, 실수에 대한 두려움에 사로잡혀 자발성과 혁신성을 찾아볼 수 없었다. 즉, 쳇바퀴 단계에 머물면서 다람쥐 쳇바퀴 돌 듯 일을 했다.

마무리 회의에서 나는 글로리아에게 웹페이지를 하나 알려주면서 부하 관리자들과 함께 그 웹에 있는 설문지를 작성해 달라고 부탁했다. 그리고 한 달 후에 두 번째 미팅을 하기로 일정을 잡았다. 마이크의 경우와 마찬가지로 다음 회의에서는 해결책 몇 가지를 보여주겠노라고 약속했다.

3일 후 나는 중서부의 땡볕을 받으면서 산업단지 입구에 자리한 냉방이 잘된 4층짜리 건물로 들어섰다. 이곳에 온 이유는 필을 6개월 만에 만나기 위해서였다. 내가 서 있는 곳은 원래 필의 회사가 인수한 망해가던 감자칩 제조회사였다. 필이 내게 처음 연락을 한 것은 "24개월 내에 수익성을 회복하라"는 목표와 함께 본부로부터 발령받았을 때였다. 나는 2년간 필의 팀과 함께 일했고 이제 그 결과를 평가할 시기였다.

내가 찾아온 표면적인 이유는 연 2회 있는 '사업현황' 회의를 하는 것이었다. 필이 직접 회의를 주재할 수 있는데도 굳이 나를 부른 이유는, 자신이 회의 진행자라는 부담을 느끼지 않고 자유롭게 참여하고 싶기 때문이었다. 필은 또한 외부인의 관점에서 과감히 질문을 할 수 있는 사람을 끌어들이고 싶었다. 어찌됐든 필이 나를 회의에 불러준 것은 고마운 일이었다.

나는 하루 종일 프레젠테이션이 이어지면서 관리자들이 한 명 한 명 차례대로 보고할 것으로 예상했다. 질문이나 토론이 있기는 하겠지만 대체로 이러한 회의는 일방적인 발표가 지루하게 이어지기 마련이다. 그런데 정작 회의가 시작되자 내 예상과 전혀 달랐다. 물론 프레젠테이션이 있긴 했지만 짧고 명료했다. 그 뒤에는 신랄하고 격정적인 토론이 이어졌다. 시간 역시 프레젠테이션보다 두 배는 길었는데 프레젠테이션 내용을 재분석하거나 비판하지 않았다. 그 대신 새로운 전략에 대해 논의했다. 안건 자체는 토론의 출발점으로만 사용되었다. 참석자들은 당면한 사안에 대해 진지하게 고민했고, 모든 사안을 적나라하게 드러내 샅샅이 살펴보면서도 만족할 줄을 몰랐다. 또한 새로운 관점을 더하거나 새로운 답을 찾으려고 노력했다.

한참을 기다려야 겨우 진짜 회의가 시작될까 말까하는 일반적인 회의가 아니었다. 방해되는 것도 없었고 집중도가 높은 조용한 회의실에서 필과 관리자들은 기업의 생사에 대해 설전을 벌였다. 설계도를 가운데 펼쳐놓은 건축가들처럼 그들의 눈에는 완성된 건물이 보이기라도 하는 듯 토론을 했다. 관리자 한 명 한 명이 경험과 지식을 풀어놓으면 그 느낌과 문제, 과제가 생생하게 눈앞에 펼쳐졌다.

나는 즉시 이 집단에서는 토론을 진행하는 독특한 리듬이 있다는 것을 알 수 있었다. 안건은 계속 바뀌었지만 방식은 같았다. 우선 필요한 정보를 수집했다. 정보는 보통 사전에 배포한 자료에 포함되어 있어 모두 내용을 읽고 왔다. 이 때문에 특별히 의문이 있는 사항이 아니라면 굳이 다시 언급하지 않았다. 그런 다음에는 해당 사안의 바닥이 보일 때까지 논의했다. 이때 방어적이거나 누구를 탓하거나 무능력을 느끼지 않았고 항상 솔직했다. 마지막으로는 신속히 결정을 내렸고 관련 부서에 사안을 넘겨주었다. 결론이 내려지지 않은 문제는 더 이상 망설이지 않고 이후의 회의로 미뤘다. 효과적이고 효율적인 의사결정이 이뤄지는 리듬이었다. 오후가 되자 이 리듬은 내 마음속에서 북소리처럼 울려퍼지기 시작했다. 문제 제기–자료–논의–결정(혹은 미루기)… 문제 제기–자료–논의–결정(혹은 미루기)….

각 안건에 대해 결정을 내려야 할 때가 되자 다시 활기를 띠기 시작했다. 회의실이 갑자기 수술실이라도 된 듯 관리자들이 환자(회사) 주변에 모였다. 집중도와 긴장감은 한 단계 높아졌고 필은 의사결정 과정을 관리했다. 그러나 과정을 좌지우지하지는 않았으며 동등한 입장에서 주도적인 역할을 했다. 관리자들은 환자, 즉 기업의 무조건적 건강이라는 하나의 목표에 초점을 맞췄다. 이들은 명료하고 명쾌한 단어로 대화를 했고, 마치 심장 모니터를 통해 생명의 징후를 보듯이 정보를 교환했다. 개인적인 안건을 들고 나오는 사람은 없었다. 자기 이익만 챙기는 발언도 없었다. 그저 전체 조직의 발전을 위한 공동의 소망이 있을 뿐이었다.

그렇게 효과적인 리듬에 맞춰 안건이 하나씩 처리되었다. 분위기는 항상 밝았고 가끔 여담을 나누기도 했다. 마침내 마지막 안건이 처리되자 필은 핵심 행동방침이 모두 다뤄졌는지를 확인한 후 회의를 마무리했다. 그날 저녁 열린 전직원 바비큐 파티에서 나는 회의를 주도하던 필과 파티장에서의 필을 비교해보았다. 다음 날에는 각 팀을 순회하면서 지난 6개월 동안의 업무 진행 상황을 보고 받았다.

필은 마이크와 글로리아가 원하던 것을 해냈다. 조직을 성장의 정점에 올려놓은 것이다. 물론 완벽하지는 않았다. 세상의 어떤 조직이 완벽할 수 있겠는가? 또한 극복해야 할 과제도 많았다. 그럼에도 필에게는 기름칠이 잘 되고 효율적이고도 매우 인간적인 도구와 전략이 있기에 과제에 맞설 수 있었다. 필의 조직과 구성원들은 '그곳'에 도달해 있었다. 매년 챔피언십에서 우승하는 무적의 미식축구팀처럼 그들은 마이크와 글로리아가 그토록 바라던 승리의 비결을 알아낸 것이다. 그들은 예측가능한 성공에 도달해 있었다.

나는 필과 함께 보낸 시간에서 힘을 얻었다. 그래서 집으로 돌아오는 비행기에서 비록 피곤했지만 메모장을 꺼내 마이크와 글로리아와의 미팅을 위해 메모를 시작했다. 비록 그들은 많은 걱정을 하고 어려움에 직면해 있지만 나는 기분이 들떠 있었다. 각오만 한다면 두 사람의 조직은 곧 새로운 발견과 발전의 여정을 시작할 것이기 때문이다. 그 여정은 변화와 보람으로 가득할 것이다. 이것은 필이 지난 30개월 동안 성공적으로 마친 여정과 똑같다. 내가 운 좋게도 그동안 여러 번 목격했고 앞으로도 마주칠 여정과 같았다.

마이크와 글로리아와의 첫 만남을 돌이켜 보면서 그들이 얼마나 좌절감과 무력감을 느꼈을지 떠올려 보았다. 사실 그럴 만도 했다. 그들의 관점에서 보면 조직이 진흙탕에 빠져 옴짝달싹 못하고 있었기 때문이다. 마이크는 회사의 존폐까지 걱정하고 있었다. 그는 괴로운 표정으로 이렇게 말했다. "내가 이 위기를 넘기지 못할까봐 두려워요. 회사가 이렇게까지 통제가 안 된다는 느낌은 처음이에요. 내가 회사를 이끄는 게 아니라 끌려가는 느낌이에요. 빨리 회사를 궤도에 올려놓지 못할 바엔 차라리 팔아치우는 게 낫지 않을까 싶어요."

글로리아는 이 문제를 더 감정적으로 받아들이고 있었다. "이제 내 관리 능력이 한계에 이르렀다는 걸 인정해야 하나요? 난 이 부서를 더 높은 단계로 끌어올릴 능력이 없나 봐요. 내게 이 일이 맞긴 한 건지, 이젠 자신이 없어요."

전혀 다른 두 사람, 전혀 다른 두 조직, 서로 다른 난관. 그럼에도 그 둘에게는 한 가지 중요한 공통점이 있었다. 바로 그 공통점 때문에 나는 낙관적이었다. 비록 어려움과 문제에 직면해 있지만 정확히 대처한다면 조직은 발전의 정점에 도달할 수 있다. 단 한 걸음이면 필의 팀이 도달한 단계, 즉 예측가능한 성공의 단계에 이를 수 있다.

그러나 마이크와 글로리아가 예측가능한 성공에 다가가는 방향은 서로 달랐다. 마이크의 회사는 젊은 조직으로서 성장 곡선을 타고 올라가려 하고 있었다. 반면 글로리아의 회사는 큰 기업으로서 미끄러져 내려가지 않으려 애쓰고 있었다. 그렇기 때문에 두 조직이 예측가능한 성공에 도달하기 위해서는 서로 전혀 다른 단계를 거쳐야 한다. 그러나 목표만큼은 같았다. 즉, 조직을 지속적으로 성장시키는 것이다.

예측가능한 성공과 관계없는 것

마이크와 글로리아의 조직에는 없으면서 필의 조직에 있었던 것은 무엇일까? 조직이 예측가능한 성공 상태에 있다는 것은 어떤 상태를 말하는가? 먼저 예측가능한 성공과 관계없는 것이 무엇인지부터 살펴보자.

규모의 문제가 아니다 작은 조직도 예측가능한 성공에 도달할 수 있으며 큰 조직도 마찬가지다. 나의 고객인 직원 수 23명인 A 법률회사는 예측가능한 성공 상태에 있다. 제너럴일렉트릭은 직원이 30만 명에 달하지만 몇 년째 예측가능한 성공 상태에 있다. 반면 아무리 커져도 결코 그 단계에 도달하지 못하는 조직도 있다. 모든 조직은 규모와 관계없이 관리만 제대로 하면 예측가능한 성공에 이를 수 있다.

역사의 문제도 아니다 예측가능한 성공은 조직의 나이와는 전혀 관계가 없다. 신생 조직도 성공에 도달할 수 있으며 아주 오래된 기업이라 해도 결코 도달하지 못할 수 있다. 신용카드 결제회사인 라이틀은 창업 5년 만에 비즈니스 전문지인 〈잉크〉(Inc.)가 선정한 500대 기업 1위에 등극했다. 〈포춘〉 선정 '일하기 좋은 100대 기업'에 자주 등장하는 SC존슨은 창업한 지 120년이 넘었다.

돈 또는 자원의 문제도 아니다 2008년 가을의 주가 폭락에서 분명히 증명되었듯이 자원이 풍부하다고 해서 예측가능한 성공에 도달할 수 있는 것은 아니다. 거꾸로 말하면, 자원이 부족한 조직도 정확한 조치를 취하면 성공을 이룰 수 있다. 마이크로소프트는 수십억 달러의 자원을 보유하고 있지만 예측가능한 성공 단계에 이르지 못했다. B 그래픽디자인 회사는 경영진들이 신용카드로 자금을 대고 있는 형편인데도 성공 단계에 있다.

문화의 문제도 아니다 예측가능한 성공은 어떤 특정한 조직문화를 도입한다고 되는 것이 아니다. 예측가능한 성공을 이룬 조직이라고 해서 경영방식이 같거나 관리 스타일이 같거나, 어떤 권위자의 조언을 따르는 것은 아니다. 조직마다 문화와 목표에 맞는 특유의 경영방식을 취한다. 예측가능한 성공 단계에 있는 조직은 규율이 매우 엄격할 수도 있고, 비교적 자유분방할 수도 있다. 영리적일 수도 있고 비영리일 수도 있으며, 가족적일 수도 있고 기업가적일 수도 있다. 그 무엇이든 이러한 것은 중요하지 않다.

회의 진행 방식의 문제도 아니다 마이크, 글로리아, 필의 경우에서 보았듯이 회의가 어떻게 진행되는지를 관찰하면 조직에 대해 많은 것을 알 수 있지만 그것은 원인이 아니라 결과이다. 성공한 조직에서는 이미 성공 상태에 있기 때문에 회의가 적극적으로 진행되는 것이지,

회의가 그렇게 진행되기 때문에 예측가능한 성공에 도달하는 것은 아니다.

업종의 문제도 아니다 나는 군수업체, 의료 컨설턴트, 자동차 부품 제조기업, 소프트웨어 디자이너, 정부기관, 식품 유통기업 등 온갖 업종의 기업과 오랫동안 일을 해왔다. 예측가능한 성공은 업종과 전혀 관계가 없다.

자, 이제까지 예측가능한 성공과 관계없는 것들이 무엇인지 알게 되었다. 이제부터는 성공이 무엇인지 본격적으로 살펴보자.

예측가능한 성공은 조직 발달의 자연스러운 한 단계이다

[그림 1-1]을 보자. 용어가 낯설다고 걱정하지 말라. 곧 저절로 알게 된다. 이 그림을 통해 예측가능한 성공이란 모든 조직이 거치는 성장과 쇠퇴의 7단계 중 한 단계임을 알 수 있다. 모든 조직이 7단계를 모두 거치는 것은 아니다. 한두 단계만 거치는 조직도 있고, 어떤 단계에 이르렀다가 다시 이전 단계로 떨어지는 조직도 있으며, 특정 단계에서 사라지는 조직도 있다.

예측가능한 성공은 성장곡선의 정점에 있다. 이 책에서는 그곳에 도달하는 방법에 대해 설명한다. 예측가능한 성공 앞의 세 단계(생존

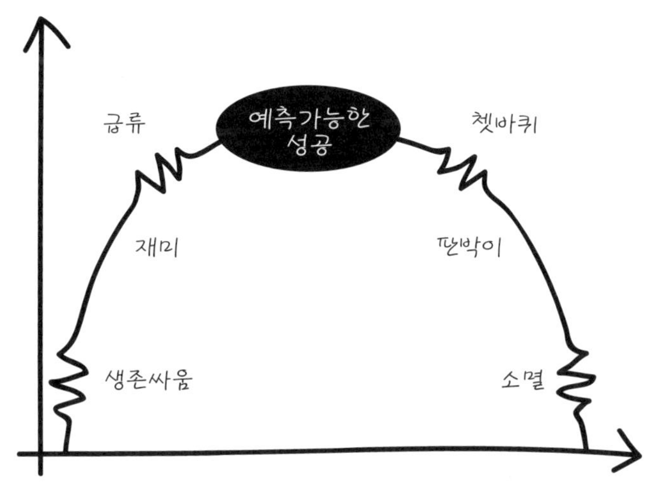

그림 1-1 예측가능한 성공의 라이프사이클

싸움, 재미, 급류)는 성장 단계이다. 예측가능한 성공 뒤에 오는 단계(쳇바퀴, 판박이, 소멸)는 쇠퇴 단계이다.

라이프사이클에 대해 알아두어야 할 중요 사항이 3가지 있다.

1. 조직은 단계를 '뛰어넘을' 수 없다

예를 들어 재미 단계에서 급류 단계를 뛰어넘어 바로 예측가능한 성공으로 갈 수 없다. 유년기에서 사춘기를 뛰어넘어 성인기로 갈 수 없는 것과 마찬가지다. 예측가능한 성공에 도달하려는 모든 조직은 어느 시점에서든 생존싸움, 재미, 급류 단계를 거쳐야 한다. 그러나 적절한 조치를 통해 특정 단계에 머무르는 시간을 최소화할 수는 있다.

2. 앞으로 뿐만 아니라 뒤로도 갈 수 있다

예를 들어 어떤 기업이 급류 단계와 재미 단계를 여러 번 왔다갔다 하는 일도 발생한다. 이는 제법 흔한 일이다. 철저한 준비로 예측가능한 성공에 접근하지 않는 기업은 대부분 그런 운명을 맞이한다.

3. 예측가능한 성공 단계에 무한히 머물 수 있다

적절한 전략을 취하기만 하면 모든 조직, 부서, 팀은 끊임없는 회복 과정을 거치며, 급류 단계로 돌아가지도 않고, 쳇바퀴 단계로 접어들지도 않으면서 성공 단계에 무한히 머무를 수 있다. 이 책의 제2부에서 이 방법을 설명한다.

나는 지금 어느 단계에 있는가

제1부의 각 장에서는 성공과 실패의 7단계를 자세히 설명한다. 그러나 규모와 관계없이 조직을 어느 정도 관리해본 경험이 있다면 이미 직관적으로 각 단계의 개념을 이해하고 있을 것이다. 여기서는 7개의 단계를 간략히 정리한다. 개인적으로 경험했던 단계가 몇 개나 되는지 살펴보라.

생존싸움 갓 생겨난 조직을 살리기 위해 분투하며 정글을 헤쳐나가는 단계이다. 이 단계의 2가지 과제는 1)충분한 현금을 확보해서,

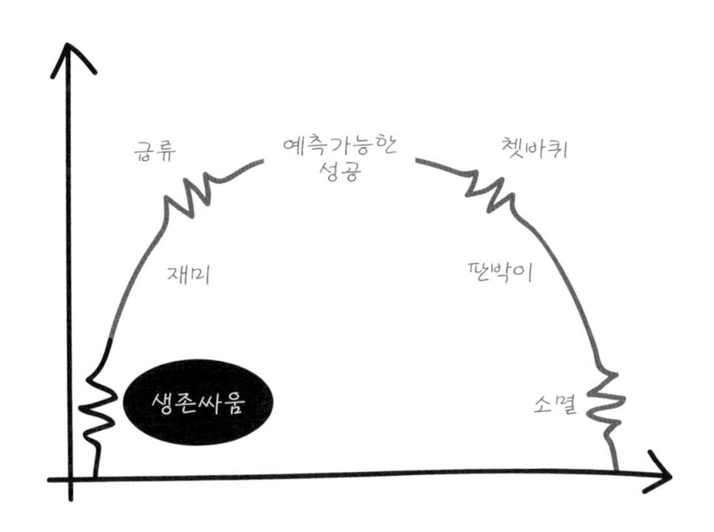

2)상품이나 서비스를 판매할 시장이 확보될 때까지 조직을 유지하는 것이다. 이 단계에서는 실패율이 높다. 모든 조직의 2/3 이상이 생존싸움 단계를 뛰어넘지 못하고 사라진다. 조직의 존폐를 놓고 치열하게 싸우는 단계인 것이다.

재미 생존싸움 단계를 극복했다. 현금이 있고(최소한 압박을 느끼지 않을 만큼이라도), 시장도 확보되어 있다. 슬슬 재미가 느껴질 단계이다. 이제 상품이나 서비스를 시장에 진입시키는 일에 마음껏 집중할 수 있다. 그래서 이 단계에서는 초점이 현금에서 매출로 이동한다.

조직의 신화와 전설이 탄생하고 '충신'이 등장하는 시기도 이때다. '충신'이란 기업이 빠르게 성장하는 이 시기에 회사를 기하급수적으로 키워주는 충성도가 높고 생산성 높은 직원을 말한다.

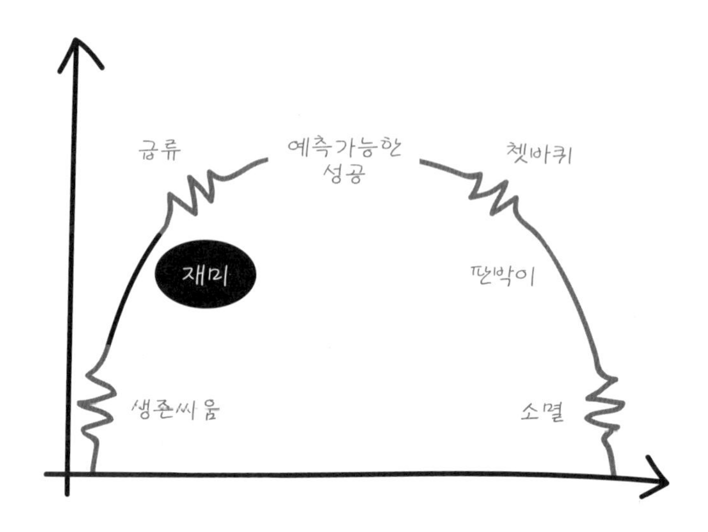

급류 　　　재미 단계에서 거둔 성공에는 급류의 씨앗이 따라온다. 조직이 복잡해짐에 따라 초점이 다시 한번 매출에서 수익성으로 이동한

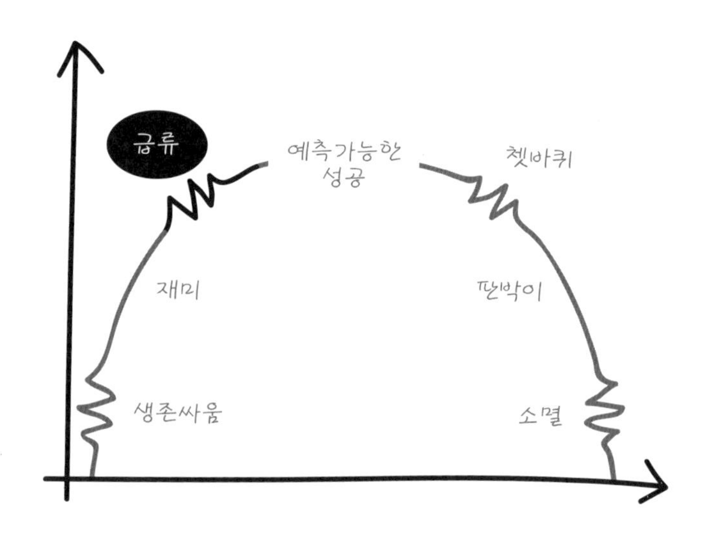

다. 지속적이고 수익성 있는 성장을 이루기 위해서는 안정된 경영방식과 절차, 제도가 확립되어야 한다.

불행히도 절차나 제도를 확립하기란 생각보다 쉽지 않다. 옳은 결정을 내리는 것은 쉬워 보이지만 결정한 사항을 이행하고 정착시키기는 믿을 수 없을 만큼 어렵다. 그러면 조직은 정체성의 혼란을 겪는 것처럼 보이고, 리더십과 경영 능력에 의구심이 들 수도 있다.

예측가능한 성공 이제 조직을 이끌고 급류를 성공적으로 헤쳐나왔다. 축하 받을 일이다. 조직 성장의 전성기인 예측가능한 성공 단계에 도달한 것이다. 이 단계에서는 지속적인 성공을 상정하고 그에 맞는 목적과 목표를 설정할 수 있다. 성장하고는 있었지만 그 이유는 잘 몰랐던 재미 단계와 달리 이 단계에서는 왜 성공했는지를 알 수 있다.

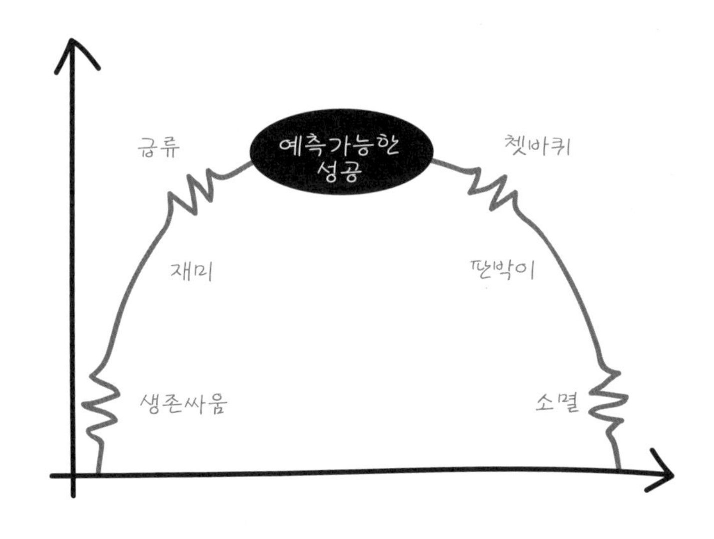

또 그 정보를 이용해 장기적인 성장을 유지할 수 있다.

쳇바퀴 원칙적으로는 예측가능한 성공에 도달한 조직은 쇠퇴할 이유가 없다. 그러나 실제로는 절차나 제도에 지나치게 의존하는 조직이 많다. 그에 따라 창의성과 모험 정신, 자주성이 떨어지고, 조직은 점점 판에 박힌 듯 굳어간다.

이 단계에 있는 조직에서 일하다 보면 쳇바퀴를 돈다는 느낌을 받는다. 에너지는 많이 소모되는데 앞으로 나아가고 있다는 느낌이 들지 않는다. 행동보다 데이터가 중시되고, 내용보다 형식이 중시된다. 일 잘하는 직원들이 떠나기 시작한다. 그중에는 조직에 오래 몸담고 있던 사람들도 많다. 창업자조차도 좌절감을 느껴 떠나고 싶어한다.

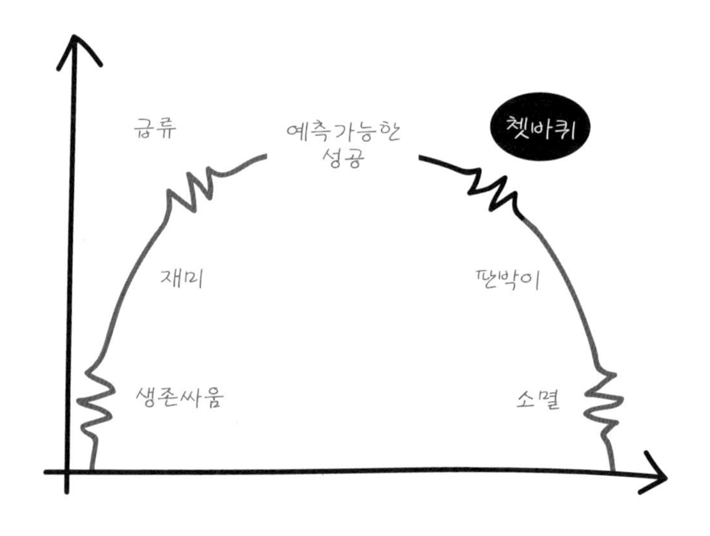

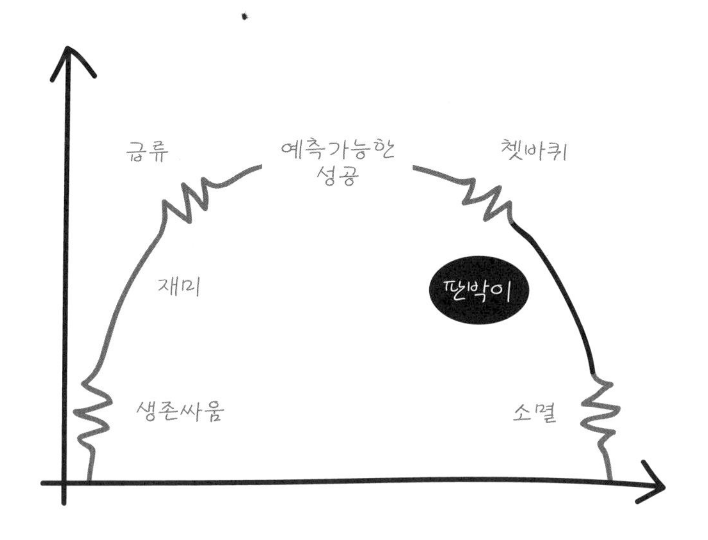

판박이 쳇바퀴는 조직 발전에 있어 위험한 단계이다. 늦기 전에 조치를 취하면 창의성과 모험 정신, 유연성을 다시 불어넣어 예측가능한 성공 단계로 돌아갈 수 있다. 그러나 조치를 취하지 않으면 조직은 더욱 쇠락하면서 판박이 단계로 떨어진다.

이 단계는 절차와 제도가 행동이나 결과보다 더 중요해진 단계다. 게다가 조직이 자기감시 능력을 상실해 조직병과 쇠퇴를 자체적으로 진단하지 못한다. 판박이 단계에 들어선 조직은 오랫동안 이 단계에 머물며 매우 서서히 쇠퇴할 수도 있다.

소멸 모든 조직은 죽음 직전에 조직 회생을 위한 마지막 시도를 한다. 파산 변호사를 선임하거나 인수합병을 당한다. 어느 쪽이든 조

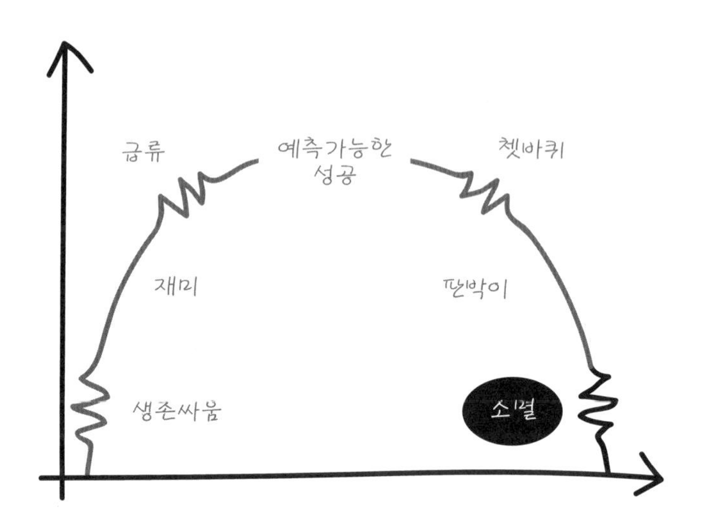

직은 현재의 형태로 생존하기 어렵다. 짧은 소멸 단계를 거치고 나면 이 세상에서 사라진다.

성공의 5가지 특징

이렇게 해서 우리는 예측가능한 성공 상태에 있다는 것이 형식적인 면에서 어떤 것인지 살펴보았다. 또한 각 단계에 도달하고 그 단계로부터 멀어지는 과정을 대략 훑어보았다. 이번에는 예측가능한 성공이 실제로 무엇인지 살펴보자.

성공에 도달한 조직을 관리하거나 그런 조직에서 일한다는 것은 대체 무엇일까? 예측가능한 성공 상태에 도달한 조직에는 5가지 큰 특징이 있다.

1. **의사결정** : 빠르게 결정을 내리고 결정한 사항은 성실하게 추진한다.
2. **목표 설정** : 빠르게 목표를 설정하고 그 목표를 이루기 위해 노력한다.
3. **일치와 조화** : 구조와 절차, 직원이 조화를 이룬다.
4. **책임의식** : 직원들이 스스로에 대한 책임을 다하며, 결과에 대해서도 책임을 진다.
5. **주인의식** : 회사의 주인은 자신이라는 의식으로 일을 한다.

이 5개의 단어(**D**ecision making, **G**oal setting, **A**lignment, **A**ccountability, **O**wnership)는 머리글자를 따서 줄임말로 부르기가 쉽지 않다. 이는 예측가능한 성공이 '만들어진' 이론이 아니기 때문이다. 성공을 달성한 조직이 실제로 어떤지를 직관적으로 또 자연스럽게 설명한 것이다. 이제 성공의 5가지 특징을 차례대로 살펴보자.

1. 의사결정

예측가능한 성공을 달성한 조직을 살펴보면 가장 먼저 주목하는 부분이 구성원들의 의사결정 방식이다. 특히 급류 또는 쳇바퀴 단계에 있는 조직과 비교하면 더욱 명확해진다. 급류 단계에 있는 기업처럼 혼란의 와중에 속수무책으로 앉아 있는 느낌을 주지 않는다. 쳇바퀴 단계에 있는 기업에서 흔히 볼 수 있는 지루하고 과장되고 틀에 박힌 의사결정 방식도 아니다.

물 흐르는 듯한 느낌을 준다. 즉, 의사결정 과정이 조직에 전혀 부담을 주지 않는다. 또한 어떤 사안을 평가하고 대응책을 강구해서 실행에 옮기는 모든 절차가 일상적인 경영에 전혀 지장을 주지 않는다.

오히려 의사결정이 경영방식에서 중요한 부분을 차지한다. 의사결정이 자연스럽고 유기적으로 이뤄지기 때문에 상급관리자뿐 아니라 중간관리자나 팀장들도 의사결정을 업무의 일부로 받아들인다. 나는 필의 팀이 의사결정을 내리는 모습을 본 뒤 그 소감을 바비큐 파티에서 말했다. 그러자 필은 이렇게 되받았다. "그걸 하려고 매일 출근하는 건데요. 그 정도는 해야죠."

올바른 의사결정은 단순히 '명령과 통제'에 의한 중앙집권화된 방식이 아니다. 예측가능한 성공을 달성한 조직에서는 의사결정이 위임되고 분산된다. 따라서 조직 내 모든 계층의 관리자들이 직원들에게 시시콜콜 간섭하지 않고 자신이 제일 잘하는 일에 집중한다(분산된 의사결정의 영향에 대해서는 제2부에서 자세히 살펴본다).

또한 성공을 달성한 조직의 의사결정은 결정을 내리는 데서 끝나지 않는다. 내려진 결정을 실행에 옮기는 것을 더 중시한다. 일단 내려진 결정에 대해서는 집행의 시기를 뒤로 미루지 않으며 고위직의 형식적인 서류 결재를 받을 때까지 기다리며 질질 끌지도 않는다. 그저 실행에 옮길 뿐이다. 그 이유는 간단하다. 예측가능한 성공 상태에서는 폐쇄적인 관리자 회의에서 결정을 내린 다음 일방적으로 일선 직원들에게 전달해 이행하도록 하지 않는다. 실질적으로 일을 추진할 사람들이 처음부터 모두 개입한 상태에서 결정을 내린다. 따라서 처음부터 추진력이 실린다.

2. 목표 설정

예측가능한 성공의 두 번째 특징은 —비록 그 이유는 다르지만— 마이크와 글로리아에게 가장 부족한 것이었다. 바로 빠르게 목표를 설정하고 성실하게 추진하는 능력이 부족했다.

> 여기서 말하는 능력은 목표를 설정하고 달성하는 조직의 내적 능력이다. 물론 어떤 방법을 써도 시장의 붕괴, 인구의 통계학적 변화 등 기업외적인 사건에 영향을 받지 않을 수는 없다. 다만 예측가능한 성공에 도달한 조직은 국가·사회적 사건에 훨씬 더 민첩하게 대응할 수 있다.

예측가능한 성공에 이른 조직의 경영진과 이야기를 나눠보면 목표 설정이야말로 그들이 가장 중요하게 생각하고 가장 강조하는 능력이다. 즉, 무엇이든 할 수 있다는 자신감을 갖고 일을 진행시키는 능력이다. GE의 CEO 제프리 이멜트가 "이 회사에서는 가속 페달을 밟으면 차가 앞으로 나간다"라고 표현한 그 능력이다.

마이크와 글로리아는 '차가 앞으로 나아가게 하는 능력'을 잃었다. 그리고 두 사람이 깨달은 바와 같이 그러한 일이 발생해도 한동안 그런 사실을 알지 못한다. 목표 설정과 달성의 프로세스에 고장이 났다는 사실을 알게 되기까지는 몇 달 혹은 몇 년이 걸리기도 한다.

그러나 그들은 아직 권한을 갖고 있다. 예산을 수립하고 목표를 설정하고 사업계획을 승인한다. 목표가 설정되면 직원들도 일단 반응을 한다. 회의가 열리고 자원 배분이 이루어지며, 이메일이 오가고 보고서가 작성된다. 그런데 몇 달 후면 마이크나 글로리아처럼 그토록 열심히 일했는데도 별다른 변화가 일어나지 않았다는 사실을 깨닫는다. 조직이 멈춰 섰거나 뒤로 가고 있기 때문이다. 이제 무슨 일을 해도 무슨 말을 해도 소용이 없다.

이무리 애를 써도, 아무리 강조하고 행동을 해도 실질적인 발전이 이루어지지 않는다. 이 무력감은 무서운 것이다. 경영자들은 대부분 '일을 실행'함으로써 현재의 위치에 오른 실무지향적이고 결단력 있는 사람들이다. 따라서 가속 페달을 밟아도 차가 앞으로 나가지 않는다는 사실을 깨달으면 엄청난 좌절감을 느낀다.

이와 대조적으로 예측가능한 성공에 도달한 경영자들은 가속 페달을 밟으면 조직이 힘차게 앞으로 나아가는 느낌을 받는다. 그들의 목표 설정 절차는 비교적(목표를 설정하는 과정에 아무런 어려움이 따르지 않을 수 없으므로 '비교적' 이라는 표현을 썼다) 단순하다. 목표 설정은 단발성 사건이 아니라 일상적인 절차이다. 예측가능한 성공에 도달한 조직에게 목표 설정은 기본적인 일이다. 목표 설정이 기업 경영의 일상적인 일로서 매끄럽게 이루어지며, 다른 조직에서처럼 엄청난 자원을 소모하고 마지막 순간에 이루어지는 단발성 사건이 아니다. 일단 목표를 설정한 조직은 외부의 사건에 대처하면서 거침없이 목표 달성을 향해 움직인다.

예측가능한 성공에 도달한 조직이라고 해서 목표 달성에 절대 실패하지 않는다는 것은 아니다. 하지만 실패하는 경우보다 성공하는 경우가 더 많고, 목표 달성에 난관이 생길 경우에는 미리 파악해 적시에 대책을 세운다.

3. 일치와 조화

대부분의 조직에서는 조직의 3대 '가동부', 즉 조직의 구조와 절차, 그 안에서 일하는 사람 간의 상호작용으로 인해 상당한 양의 '효율성의 손실'이 발생한다. 사람들이 일을 진행하기 위해 조직의 절차와 구조를 조작해야 하기 때문에 시간과 에너지를 소모하는 것이다.

기업 발전의 상승 부분에서는(생존싸움, 재미, 급류) 절차와 구조가 완전히 발달해 있지 않아 구성원들이 나름대로 절차와 제도를 만들어 내야 한다. 이에 따라 일이 중복되면서 비효율이 발생하고 고객 불만이 쌓인다. 하강 부분에서는(쳇바퀴 이후) 제도와 구조가 지나치게 발달해 있고 엄격히 시행되어 직원들이 자발적으로 혁신을 일으킬 능력이 상실된다.

예측가능한 성공 상태에서는 조직이 구조와 절차, 사람 사이에서 균형을 이룬다. 일이 지속적이고 효율적으로 진행되기에 딱 알맞은 절차가 존재하고, 조직이 달릴 레일을 깔기에 딱 적당한 구조가 존재한다. 사람들은 생동감 있고 혁신적인 조직을 유지할 수 있을 정도로 자발적이고 자유롭다. 그러나 한편으로는 위험을 관리하고 불필요한 중복을 피하며, 조직이 몇 명의 충신에 의존하지 않도록 충분한 통제와 체계가 존재한다.

예측가능한 성공 상태에서는 구조와 절차, 사람으로 이루어진 회로망이 절대적으로 고정되어 있지 않다. 그 대신 서로 유기적으로 연결되어 있다. 성공 조직에는 어제 먹혔던 것이 오늘은 먹히지 않을 수도 있다는 공감대가 형성된다. 그래서 구조와 절차, 사람 간의 상호작용이 끊임없이 변화하며, 조직의 변화 요구를 충족시킬 수 있는 유동성을 갖고 있다. 즉, 복합기능팀을 활용하거나 절차 개선, 관리자 및 팀장에 대한 진정한 권한이양을 통해 구조와 절차를 끊임없이 바꾸고 진화시킨다.

4. 책임의식

예측가능한 성공 조직의 가장 강력한 특징은 책임 문화가 존재한다는 점이다. 이 조직에서는 경영진에서부터 트럭 운전기사, 접수원, 경비에 이르기까지 자신과 팀이 맡은 업무에 강한 책임감을 갖는다.

왜 예측가능한 성공 상태에서는 그렇게 강한 책임감이 나타나는 걸까? 그것은 위의 1)항에서 이야기한 의사결정 문화의 직접적인 산물이다. 자기 자신의 업무와 의무에 중대한 결정을 직접 내릴 수 있는 권한을 갖고 있을 때, 결정을 실행에 옮기기 위해 필요한 일을 할 수 있는 자원과 자유를 허락받았을 때 직원들은 조직의 성공을 위해 직접적으로 참여한다.

이와 같이 책임감이 강하면 자리에 앉아 시간만 때우는 게 아닌 진정으로 성과를 내고자 하는 집념이 생긴다. 예측가능한 성공 조직에서는 밥그릇 싸움이 적고, 개인 또는 팀이 단절되어 독자적으로 일하지 않는다.

그 대신 팀이 지식과 경험을 서로 공유하면서 조화롭고 복합 기능적으로 일하며, 조직 구조를 보완하는 소셜 네트워크를 형성한다. 조직 내 팀이 자기 보호나 개인의 명예보다는 성과를 추구하기 때문에 정보는 지나친 관리나 독점욕에 방해를 받지 않고 필요한 곳으로 자유롭게 흘러들어간다.

이러한 높은 책임감으로 인해 성공 조직에는 시간을 낭비하거나 탁상공론만 하는 사람, 사내 정치가가 설 자리가 없어진다. 또한 자리 때우기를 하는 사람들을 찾아내 제거하는 것도 점점 능숙해진다. 평범에의 안주, 고의적인 저 성과, 책임 회피가 너무 분명히 눈에 띄기 때문에 성과가 낮은 개인은 숨을 곳이 없다.

성공 조직에서의 이러한 책임 문화는 단순히 희망적인 사고에서 비롯되는 것은 아니다. 오히려 조직 전체의 구조와 절차가 책임감을 요하며 또한 책임감을 만들어낸다. 책임감은 성공의 핵심으로서, 채용 절차에서 필수적인 마음가짐으로 간주된다. 또한 교육, 멘토링 및 코칭에서도 강조되며, 고위 경영진까지 모범을 보인다.

5. 주인의식

기업(사업부, 부서, 그룹 또는 팀)의 리더들은 대부분 어느 시점에선가 무지막지하게 큰 바위를 언덕 위로 밀어올리는 느낌을 받는다. 끊임없이 어깨로 바위를 밀지 않으면 모든 것이 언덕 아래로 굴러 떨어질 것 같은 느낌이다. 그동안 그토록 공들여 이뤄낸 발전이 모두 허사가 되는 것이다. 경영자들이 휴가 한번 가지 않고 진이 빠질 때까지 일하는 이유이기도 하다. 밀고 밀고 또 밀지 않으면 그동안 기업을 성장시킨 결실이 모두 수포로 돌아갈까봐 두려워한다.

예측가능한 성공에서는 이러한 상황이 반대가 된다. 위에서 나열한 특징(빠르게 결정을 내리고 결정한 사항을 착실히 이행하는 능력, 목표를 설정하고 착실히 달성하는 능력, 구조 · 절차 및 사람 간의 조화, 책임의 문화)이 정착된 조직은 성장의 새로운 국면을 맞는다. 즉, 경영진이 억지로 시키는 것이 아니라 모든 조직원이 주인의식을 갖고 긴밀히 협력함으로써 성장과 발전이 일어난다.

예측가능한 성공 상태에서 경영자는 자신이 제일 잘하는 일, 즉 관리를 한다. 급한 불을 끄기 위해 허둥대지 않으며, 다른 사람이 망쳐놓은 일을 대신 하지도 않으며 그저 '내가 남들보다 더 잘할 수 있다'고 해서 이일 저일을 하지도 않는다. 경영자는 본연의 역할을 수행한다. 관리하고 자원을 배분하고 혁신하며, 일선 직원들을 지원하고 지도하며 의욕을 고취시킨다.

성공 조직에서는 관리팀에 의존하는 문화가 존재하지 않는다. 그 대신 상호의존 의식이 뿌리를 내린다. 관리자는 성과 창출이라는 측면에서 팀에 의존하고, 일선 직원들은 지도와 조언, 리더십이라는 측면에서 경영자에게 의존한다. 모든 사람이 똑같이 중요하며, 모두 힘을 합쳐 성장 목표를 향해 조직을 이끌어가는 것이다.

이제 성공의 첫발을 내디딜 시간

이번에는 스타벅스에서 만났다. 마이크는 두 번째 에스프레소 잔을 비웠다. 방금 내가 이야기한 내용을 그가 소화하는 동안 나는 그를 바라보며 앉아 있었다. 예측가능한 성공의 라이프사이클을 설명하고 7단계에 대해 간략히 이야기했다.

나는 마이크가 나에게 건네준 자료와 그동안 내가 분석한 자료를 근거로 이 조직이 급류 단계에 있다고 판단하는 이유를 설명했다. 실은 그리 오래 설명할 필요도 없었다. "그만 하세요." 마이크는 손사레를 치며 말했다. "더 설명할 필요도 없어요. 급류라는 단어만 들어도 다 알겠네요. 내가 그 한가운데 있다는 것을 누구보다 내 자신이 잘 알아요."

내가 낙관적인 측면에 대해 이야기하자 마이크는 메모를 해가며 열심히 들었다. 지금 그의 비즈니스는 흔들리고 있지만 사실은 예측가능한 성공에 매우 가까이 다가가 있었다. 나는 예측가능한 성공에 도달한 조직의 5가지 특징을 말해주었다. 의사결정, 목표설정 및 달성,

구조와 프로세스와 사람의 조화, 책임감, 뚜렷한 주인의식이 있다는 점이었다. 마이크는 완전히 빠져들었다. 그의 진지하고 밝은 표정으로 판단컨대 예측가능한 성공의 중요성을 잘 이해하고 있었다. 이제 단 하나의 질문만이 남았을 뿐이었다. 그 단계로 가기 위해 필요한 조치를 취할 준비가 되어 있는가?

"준비가 됐냐고요? 제 평생 이렇게 준비된 기분은 처음이에요!"

내 눈을 들여다보는 마이크의 눈빛을 통해 다음 질문이 무엇일지 알 수 있었다. "이제 무엇부터 시작하죠?" 나는 일정표로 손을 뻗으며 말했다. "당신을 비롯한 팀이 어쩌다 상황이 이렇게 되었는지 파악해야 합니다. 어쩌다가 급류 단계에 접어들었는지를 알아야 다음 단계인 예측가능한 성공으로 넘어갈 수 있습니다." 우리가 일정표를 넘기면서 날짜를 맞추는 동안 글로리아와의 회의 약속이 새삼 눈에 들어왔다. 쳇바퀴 단계에 있는 조직을 설득하기란 급류 단계에 있는 조직을 설득하기보다 더 어렵다. 흥미로운 미팅이 될 것 같았다.

Summary

· 예측가능한 성공은 모든 조직의 성장 단계에서 자연스럽게 나타난다.

· 예측가능한 성공 단계에서 조직은 쉽게 목표를 설정하고 착실히 목표를 달성한다.

· 예측가능한 성공이란 조직의 규모, 역사 또는 자원과는 관계가 없다.

· 예측가능한 성공은 기업의 문화, 회의 진행 방식과도 관계가 없으며, 업종도 관계없다.

· 예측가능한 성공에 도달하려는 조직은 세 단계를 거쳐야 한다. 단계를 뛰어넘을 수는 없지만 한 단계에 머무는 시간은 줄일 수 있으며, 단계를 왔다갔다할 수도 있다.

· 조직은 예측가능한 성공 상태를 무한히 유지할 수 있다.

· 예측가능한 성공 상태에 있는 조직은 더 나은 의사결정, 목표설정, 의견일치, 책임 및 주인의식이 뛰어나다.

2장

생존싸움

어떻게 해서든 살아남아야 한다

"자유로 향하는 첫 걸음은 살아남는 능력이다." – 루퍼트 머독

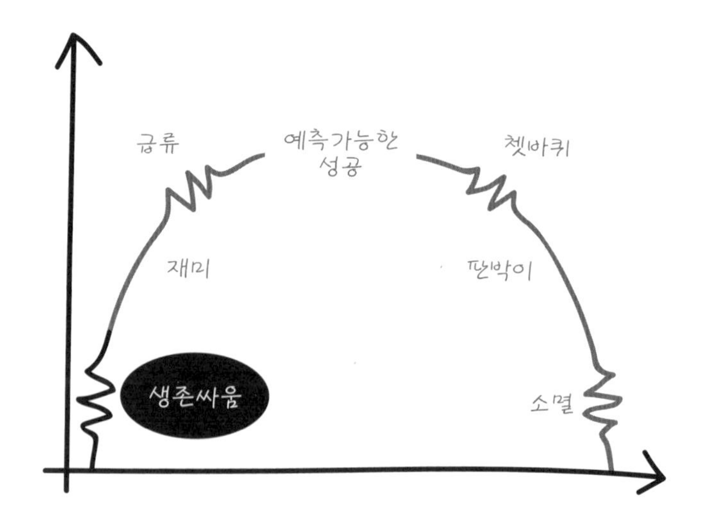

빗발이 창문을 가차 없이 두드리는 벨파스트의 어느 추운 아침이었다. 나는 당시의 동업자 로니와 함께 시설이 잘 갖춰진 좋은 회의실에 앉아 있었다. 우리는 회의용 탁자에 나란히 앉아 재무제표를 들

여다보았다. 둘 다 전직 회계사였기 때문에 자료가 이해가 안 된다는 핑계는 댈 수 없었다. 불행히도 우리의 사업은 시작 단계에서 이미 실패하고 있었다.

2년 전, 나는 로니와 함께 회사를 차려 아일랜드의 피자헛 라이센스를 구입했는데, 계약 조건은 5년 안에 지점을 10개 열어야 한다는 것이었다. 2년이 지나 지점 4개를 열고나니 회사에서 현금이 줄줄 새고 있었다. 임대와 점포 개설에 드는 자금을 너무 과소평가했던 것이다. 그래서 지점 개설을 중단했다. 빨리 어떻게든 하지 않으면 라이센스를 취소당하고 지금까지 이룬 것을 몽땅 잃을 판이었다.

대책을 생각하면서 나는 벨파스트의 분주한 시내가 내려다보이는 큰 창문 옆으로 다가갔다. 비가 오는데도 사람이 많았다(아일랜드에서는 비가 내리기 시작할 때 실내에 있었다면 절대 나가고 싶지 않다). 저렇게 사람이 많은데… 그중에 몇 명만이라도 우리 식당에 들러도 될 텐데…. 나는 이 사업이 복잡하지 않다는 걸 잘 알고 있었다. 식당에 손님들을 많이 끌어들이고, 인건비와 식재료에 들어가는 비용을 통제하면 수익이 나게 되어 있었다. 애초에 나와 로니가 피자헛 프랜차이즈에 끌렸던 이유도, 이 사업이 단순하고 빤한 사업이었기 때문이다.

그런데 뭐가 잘못된 것일까? 공식이 그렇게 간단하다면 왜 우리는 시작부터 고전하고 있는 것일까? 재무제표를 보면 답은 명확했다. 또 우리만의 문제도 아니었다. 현금이라는 연료가 떨어져 가고 있었던 것이다. 그것도 시작 단계에서.

이륙을 위한 준비가 필요하다

창밖을 내다보고 있자니 지난 2년 동안 로니와 함께 했던 회의와 식당 방문, 변호사 사무실을 뛰어다니던 장면들이 주마등처럼 스쳐 지나갔다. 나와 로니가 이 사업을 궤도에 올리기 위해 쏟아부은 시간과 돈, 노력들이 스쳐 지나갔다. 모든 에너지와 모든 노력을 쏟아붓고도 성과가 없었다.

그러던 어느 날, 내 무의식 어딘가에서 또 다른 이미지가 떠올랐다. 이번에는 20년 전 내 유년기의 이미지였다. 13살 때 넋을 잃고 보았던 장면이었다. 새턴 5호 로켓의 거대한 F1 엔진 5개가 아폴로 11호를 우주로 쏘아 올리는 장면이었다. 그 엄청난 힘으로 인해 수직으로 솟구친 로켓이 지구의 중력을 벗어나려 하는 이미지가 떠오르자 웃음이 저절로 나왔다. 우리의 임무는 사람을 달에 보내는 것만큼 대단한 일이 아니었다. 그러나 아일랜드 사람들을 설득해서 피시앤칩스 대신 납작한 이탈리아 빵을 먹게 하는 것은 쉬운 일이 아니었다. 하지만 그런 이미지가 우리의 문제가 무엇인지를 단적으로 보여주었다. 우리는 비즈니스를 궤도에 올리는 데 필요한 자원을 너무 과소평가했다. 엔진이 5개 필요했는데 1개로 이륙하려 했던 것이다.

그 후 15년간 40개가 넘는 기업의 창업을 지원하면서 나는 그 이미지를 거듭 떠올리곤 했다. 아폴로 11호를 궤도에 올려놓는 데 필요한 막대한 에너지와 힘을 생각했다. 결국 내 마음 속에서 그 이미지가 창업 절차와 밀접하게 연결되었다. 개인 경험을 통해 깨달은 것이었지만 나와 로니가 피자헛 사업을 이륙시키려고 했던 것은 우리만의 고생이 아니었다. 시간이 지나자 나는 피자헛을 통해 경험한 것이, 내가 크고 작은 기업의 창업을 지원할 때마다 겪는 일의 변형에 지나지 않는다는 사실을 깨달았다.

차차 한 가지 패턴이 보이기 시작했다. 창업 방식이 어떠하든, 얼마나 준비를 하든, 지난 경험에서 얼마나 배웠든 모든 신생기업의 첫 단계는 이륙을 위한 치열한 싸움이었다. 나는 그것을 '생존싸움'이라 부르기로 했다.

신생기업마다 변수(창업자의 기술과 지식, 경험, 제품과 시장의 확실성, 시작할 때의 자금 등)가 다르기 때문에 기업마다 생존싸움 단계도 제각각일 수밖에 없다. 생존싸움 단계의 강도와 기간에는 큰 차이가 있지만 한 가지만큼은 확실했다. 이 단계를 피해갈 수는 없다는 점이다. 나도 한참 뒤에 깨달은 사실이지만 예측가능한 성공으로 가는 다른 단계들과 마찬가지로 생존싸움 단계도 돌아가거나 뛰어넘을 수 없다. 기껏해야 이 단계에 머물러 있는 시간을 최소화할 수 있을 뿐이다.

생존싸움이란 무엇인가

예측가능한 성공의 모든 단계 중의 첫 단계인 생존싸움 단계가 가장 정의하기 쉽다. 생존싸움이란 초기 자본금이 떨어지기 전에 시장을 확보하려는 경주다.

신생기업의 창업자는 위치, 이름, 설계, 로고, 채용, 구입, 통신사업자 선정 등… 모르는 것 투성이다. 그 외에도 생각지도 못한 곳에서 튀어나오는 오만가지 크고 작은 일들을 처리해야 한다. 그러나 사실 그중에 정작 중요한 것은 2가지뿐이다.

1. 이익을 위해 상품(혹은 서비스)을 팔 때 그것을 구입해 줄 고객들이 충분한가?
2. 그 고객들을 찾을 때까지 기업을 운영해나갈 연료(현금)가 충분한가?

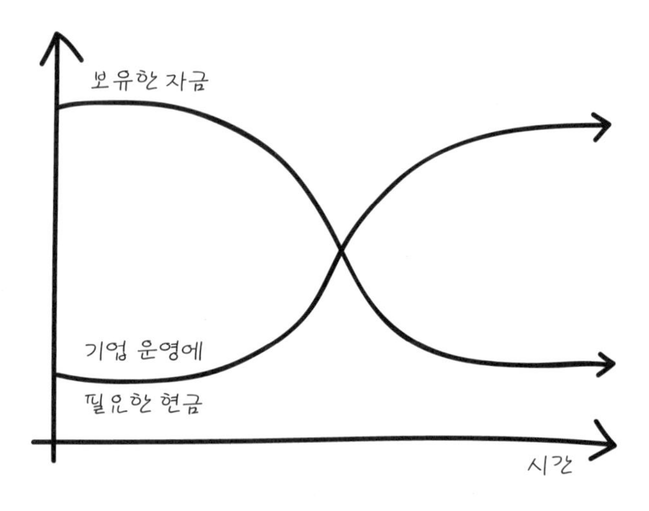

그림 2-1 생존싸움 단계의 난관

[그림 2-1]에 나타나 있듯이 '기업의 초기' 단계는, 외부 자금(투자금)에 대한 의존도를 낮추고 수익에 대한 의존도를 높이려는 시간과의 싸움이다.

상당한 차이가 있지만 생존싸움 단계를 통과하는 데 성공한 기업들은 3년 정도의 기간이 필요하며 다음과 같은 특징을 보인다.

1년차 일어나 달린다. 운영에 관련된 세부사항을 정하고 공급 사슬을 확보한다.

2년차 시장을 확보한다. 지속적으로 고객을 확보하고 가격 책정 구조를 확립한다.

3년차 시장에 안착한다. 자금 유출을 초과하는 운영 자금의 유입이 정기적으로 이뤄진다.

신생기업에서 생존싸움 단계가 얼마나 오래갈 지 결정짓는 주요 변수에는 3가지가 있다. 1)외부 자금을 얼마나 쉽게 들여올 수 있는가, 2)상품(서비스)을 팔 수 있는 시장을 얼마나 빨리 찾을 수 있는가, 3)이를 이루기 위해 1)을 얼마나 효과적으로 사용하는가이다.

무엇이 위험한가

생존싸움 단계의 대응 전략과 더 중요한 통과 전략을 살펴보기 전에, 먼저 이 단계만의 특징을 깨달아야 한다. 생존싸움 단계를 예측가능한 성공을 향한 다른 단계와 구별해주는, 말하자면 '어두운 면'을 파악해야 한다.

돈이 떨어지기 전에 시장을 확보해야 한다는 단순한 과제와 함께, 생존싸움 단계에는 그만큼 단순하면서도 냉혹한 결과가 따른다. 이 단계에서 실패하는 기업은 망한다. 이유는 간단하다. 달리 방법이 없기 때문이다.

기업이 생존싸움 외의 단계에서 문제에 봉착하면 언제든지 이선 단계로 돌아가 전열을 재정비한 뒤 공격을 준비할 수 있다. 그러나 예측가능한 성공을 향한 나머지 단계들과는 달리 생존싸움 단계에는 이전 단계라는 것이 존재하지 않는다. 따라서 돌아갈 곳도 없다.

신생기업은 생존싸움 단계에서 부딪치는 과제에 맞서 극복해야 한다. 그래야만 살아남아 예측가능한 성공을 향해 나아갈 수 있다. 이전 단계로 돌아가 재정비할 여지란 존재하지 않는다. 올라가거나 망하거나 둘 중 하나뿐이다.

그렇기 때문에 대부분의 신생기업에게는 생존싸움 단계가 가장 위험하고 중요한 단계이다. 신생기업의 영아사망률이 매우 높은 것도 놀라운 일이 아니다. 생존싸움 단계를 극복하는 기업보다는 망하는 기업이 훨씬 더 많다.

선진국의 공식자료를 살펴보면(예를 들어 미국 국세청의 자료, 영국 세무국의 자료) 수치가 비교적 일관적이다. 등록된 기업의 2/3 정도가 창업 후 3년을 못 넘긴다. 공인회계사의 이야기를 들어보면 실제 수치는 그보다 훨씬 더 높다. 등록 단계까지도 못가는 기업이 많은데, 그런 기업의 통계는 아예 기록에 남지도 않기 때문이다. 나를 비롯한 여러 사람들의 견해에 따라 보다 정확하게 추정하자면 신생기업의 약 80%가 생존싸움 단계를 넘기지 못하고 사라진다.

그렇다면 생존싸움 단계 특유의 위험성은 간단해진다. 이 단계를 살아서 통과하지 못할 가능성이 높다는 점이다. 일단 생존싸움 단계를 넘기기만 하면 된다. 멋지게 넘길 필요도 없고 그냥 넘기면 된다. 그러나 이 단계를 넘기지 못하면 끝장이다. 회사 문을 닫는 수밖에. 용기가 있다면 다음에 다시 시도할 수밖에 달리 방법이 없다.

넘어서는 것이 유일한 목표이다

이제 생존싸움 단계에서는 단 한 가지 전략밖에 있을 수 없음을 깨달았을 것이다. 바로 최대한 빨리 이 단계를 빠져나오는 것이다. 예측 가능한 성공을 향한 여정의 다른 단계에서는 간혹 꾸물거려도 된다. 하지만 생존싸움 단계의 유일한 목표는 가능한 한 빨리 이 단계를 지나 다음 단계로 넘어가는 것이다. 생존싸움 단계에서 꾸물대기에는 위험이 너무 크고 영아사망률이 너무 높다.

바꿔 말하면 생존싸움 단계에서는 사실상 대응 전략이 아니라 통과 전략이 필요하다. 그렇다면 자연히 생존싸움 단계에 중독된 사람들과 얽히지 않도록 조심하는 게 중요하다.

정신 나간 소리로 들리겠지만 믿거나 말거나 생존싸움 단계에 중독되어 이 단계를 빠져나오기가 체질적으로 어려운 사람들이 의외로 많다. 나는 실제로 여러 명을 만났다. 그런 사람과 얽히면 시간, 돈, 에너지의 측면에서 비용이 많이 들 뿐만 아니라 궁극적으로 아무것도 얻지 못한다.

계속 회사를 창업하는 사람들을 말하는 게 아니다. 진짜 창업자들은 생존싸움 단계에 건강한 인식을 갖고 있고, 그들 중 일부는 이 단계를 새로운 기업을 시작하기 위해 치러야 할 대가로 생각한다. 이러한 사람들은 창업 후 생존싸움 단계로 자주 돌아가지만 최대한 빨리 이 단계를 통과하고 다음 단계로 넘어가려는 목적을 갖고 있다.

문제가 되는 것은 여러 가지 이유로 생존싸움 단계에 머무르는 데 중독되어 그곳에 무한정 남아 있는 사람들이다. 어쩌면 벤처자금 놀이를 좋아하거나, 신생기업의 열띤 분위기에 푹 빠져 있거나, 특허를 받은 제품을 너무 사랑한 나머지 상품화를 미루려는 것인지도 모른다. 이유가 무엇이든 앞으로 나아가지 않으면 그들은 당신을 꾀어 생존싸움 단계에 가둬둔 채 자원을 쪽쪽 빨아먹고 다른 동업자를 찾아 떠날 것이다. 진짜 창업자와 생존싸움 중독자의 3가지 큰 차이는 다음과 같다.

1. 생존싸움 중독자는 외형에 집착한다.

"사무실을 멋지게 꾸며야 해요. 그래야 사람들이 좋아하니까요."

창업자는 결과에 주목한다.

"그래서 계약을 따냈나요?"

2. 생존싸움 중독자는 고집스럽고 비현실적이다.

"이건 백금으로 만들어야 해요. 내가 백금으로 디자인했으니까 그대로 해야 된다고요."

창업자는 열정적이지만 유연하다.

"이 회사는 플라스틱 제품이 필요하니 플라스틱으로 만들죠."

3. 생존싸움 중독자는 성공에 방해가 된다.

"저 여자는 자기가 엄청 똑똑한 줄 안다니까요. 저 여자랑은 일 못 하겠어요. 쫓아내요."

창업자는 성공을 갈망한다.

"그녀는 똑똑하고 우리 물건을 잘 파니까 남아야 해요."

생존싸움 중독자들을 피하라. 그러면 득이 될 것이다.

어떻게 생존싸움 단계를 벗어날까

생존싸움 단계에서의 가장 큰 목표는 간단하다. 최대한 빨리 벗어나는 것이다. 앞에서 우리는 생존싸움 단계를 벗어나기 위한 3단계를 간단히 훑어보았다. 이제 더 자세하게 알아보자.

1. 최대한 외부 자금을 활용하라

몇 년 동안 나는 "사업 계획에 필요한 액수에 3을 곱하라"라는 규칙을 따랐다. 이것은 간단한 공식이지만 효과는 매우 좋다. 그렇다고 쉽다는 의미는 절대 아니다. 돈을 융통하기란 절대 쉽지 않으며, 원래 계획의 3배를 모으자면 3배가 넘는 노력을 들여야 한다. 그러나 할 수만 있다면 효과는 좋다. 어디서든 가능한 곳에서 가능한 한 많은 액수를 융통하라.

그렇다고 해서 개업 첫날부터 가게를 통째로 저당 잡히라는 말은 아니다. 모든 상황에서 이권을 내주라는 말도 아니다. 그러나 합리적인 조건으로 돈을 융통할 수 있는 기회가 있다면 놓치지 말라. 이익을 올린 후 언제든지 돌려주면 된다.

'맨손 창업'을 어떻게 훌륭하게 이끌어갈 수 있을까. 한 줄기 희망을 안고 신용카드에 의지해 허리띠를 졸라매고 영세하게 시작해서 외부 자본에 의존하지 않고 기업을 키우려 한다면 어떻게 해야 할까? 2가지 방법이 있다.

첫째, 맨손 창업은 사업의 한 방법으로서 아주 좋은 창업 방법임을 인식하는 것이다. 나 역시 여러 차례 해본 방법이다. 둘째, 필요하다고 예상되는 자금에 3을 곱하라. 그런 다음 심호흡을 하고 허리띠를 단단히 졸라맨 후 뛰어들어라. 다른 사람 허리띠까지 졸라매야 할 지경이라면 진지하게 동업을 고려하라.

벤처기업을 세우고 창업자금을 조달하기 위해 고군분투 중인 사람이라면 '3을 곱하라'라는 내 말에 의지가 꺾일지도 모른다. 물론 내가 30년 전에 처음 창업할 때 다른 사람이 그런 말을 했다면 나도 코웃음을 쳤을 것이다. 그러나 40개가 넘는 기업을 창업하고 난 지금은, 생존싸움 단계에서 무엇에 맞닥뜨릴지 알게 되었으며, 또한 이 단계를 넘어 다음 단계로 가려면 무엇이 필요한지도 알게 되었다.

생존싸움 단계에서의 실패 확률에 대한 통계를 기억하라. 자그마치 80%이다. 이 80%의 기업 중 대다수는 애초에 자금이 부족했기 때문에 실패했다.

2. 시장을 최대한 개척하라

외부 자금을 쉽게 조달할 수 있는 루트를 확보해야 할 중요한 이유가 있다. 더 중요한 일, 즉 시장을 찾는 일에 집중하기 위해서이다. 자금 조달에 지나치게 집중하다가 생존싸움 단계를 버티지 못하는 기업이 많다. 외부 자금조달이 필요하고 또 중요한 일이긴 하지만 궁극적인 목표는 아니라는 점을 반드시 기억해야 한다. 궁극적인 목표는 살아남는 것이며, 생존싸움 단계에서 살아남기 위해서는 상품(서비스)을 판매할 시장을 찾는 일에 집중해야 한다.

현실적으로 말하면 이는 다음 4가지 일을 의미한다.

우선순위 정하기 상품(서비스)을 판매할 수익성 높은 시장을 찾는 일(그리고 시장에 안착하는 일)을 언제나 최우선으로 해야 한다. 다른 모든 일은 부차적이다. 이메일, 포스트잇, 구호도 좋고, 꼭 필요하다면 회의라도 좋다. 매일 모든 직원에게 시장을 찾아 살아남는 일에 전념하도록 한다. 매일 퇴근할 때 다음과 같은 질문을 스스로에게 던져야 한다. "오늘도 우리 상품을 팔 시장을 개척했는가?"

경청하기　　나는 신생기업 대다수가 처음부터 '전송' 모드인 이유를 도저히 이해할 수 없다. 이러한 기업들은 숙맥 소개팅에 나온 사람처럼 자기가 누구며 무슨 일을 하는지에 대해 그리고 가치 제안에 대해 숨도 쉬지 않고 얘기만 늘어놓는다. 예쁜 상대 여자에 대해서는 질문을 단 하나도 하지 않는다. 거절당하는 것이 취미가 아니라면 이러한 행동은 즉각 버려라.

'경청' 모드로 기업을 시작하라. 고객이 어디 있는지를 찾으려면 이야기를 늘어놓을 게 아니라 질문을 해야 한다.

실험하기　　A라는 물건을 파란색으로 5천 개 만들고, B라는 물건을 녹색으로 3천 개 만들겠다는 사업계획을 수립했다. 그런데 시장의 소리를 듣고 나면 어떻게 될까. B를 분홍색으로 500개 만들고 싶다거나, A를 마음대로 칠해보고 싶다거나, 판촉용으로 검은색을 250개 만들고 싶다는 생각이 들 수도 있다. 답은 누가 알까? 내가 아니라 시장이 안다.

시장이 무엇을 원하는지 알아내는 유일한 방법은 실험이다. 벤처

세계의 최근 발전상을 보면 이 사실을 잘 알 수 있다. 클릭에 따른 광고와 소셜미디어의 대두로 5년 전에는 상상도 못했던 규모와 비용으로 시장에서 실험을 할 수 있게 되었다.

적응하기 생존싸움 단계에서 자만은 망하는 지름길이다. 이 점을 받아들이면 훨씬 빨리 살아남는 단계에 도달한다. 사업계획이 잘못될 수 있고, 사훈이 잘못되었을 수 있고 심지어 핵심가치라고 여기던 것들조차 잘못되어 있을 수 있다. 이는 당신이 바보여서가 아니다. 허상의 세계에서 만들었기 때문이다. 이제 역동적으로 변화하는 진짜 세상으로 나왔다면 살아남기 위한 사업계획과 사훈, 핵심가치를 만들어라.

3. 자금을 올바른 곳에 써라

추억의 닷컴시대를 기억하는가? 그렇다면 돈이 엄청나게 많은 기업들이 엄청난 속도로 결딴났다는 사실도 기억할 것이다. 시장을 찾는다는 궁극적 목표를 달성하기 위해 사용한 돈이 효과적이지 못했기 때문이다. computer.com을 기억하는가? 기억하지 못하는 게 당연하다. 이 회사는 자본의 60%나 되는 260만 달러를 슈퍼볼 광고 한 편에 쏟아부었다. 단 한 편에! 그리고는 곧바로 망했다.

이제 멀쩡한 돈을 대놓고 오용하는 시대는 지나갔지만 여전히 —그리고 대부분의— 벤처기업들은 똑같은 실수를 반복한다. 자본을 이용해 시장을 확보하는 방법을 모르기 때문이다. 그중 특히 터무니없는 실책 몇 가지를 꼽아보면 다음과 같다.

최고급 사무실 닷컴시대를 흉내 내 에어론 의자(개당 150만 원을 호가하는 고급 사무용 의자)를 비치한 회의실 12개를 갖추는 것은 망하는 지름길이다. 시장을 확보하기 전까지는 저렴하고 단순한 환경에서 일해야 한다.

컨설팅 비용 전담 컨설턴트를 고용하는 비용은 둘째 치고라도 생존싸움 단계에서는 당신과 목표시장 사이에 누군가 개입해서는 안 된다. 아무리 브랜드 파워가 강한 컨설턴트라 해도 마찬가지다. 포커스그룹이든 시제품을 위한 조사든 직접 해야 한다. 경청의 중요성을 기억하는가? 그것을 남에게 시키지 말라.

브랜딩 처음부터 브랜딩을 제대로 할 수는 없다. 그러므로 마치 할 수 있다는 듯이 브랜딩에 돈을 쓰지 말라. 디자인과 브랜딩은 시장에 더 가까이 간 후에, 그리고 시장의 목소리를 더 분명히 들은 후에 해야 한다. 고객이 무엇을 원하는지 정확히 아는 것처럼 행동하지 마라. 첫날부터 완성된 브랜드를 만들려 하지 말라. 비싸기도 할 뿐더러 비생산적이다.

생존싸움 단계에서는 궁극적인 목표를 늘 명심해야 한다. 한푼이라도 낭비를 줄이고 모두 상품(서비스)을 판매할 시장 탐색을 위해 써야 한다.

창업 자금을 확보했는가? 그렇다.

시장을 찾는 데 집중했는가? 그렇다.

시장을 찾는 일에 자금을 현명하게 사용했는가? 그렇다.

그렇다면 이제 생존싸움 단계에서 벗어나 재미를 느껴볼 때다.

Summary

· 생존싸움 단계는 모든 조직의 발전에 있어 첫 단계이다.

· 이 단계에서 가장 큰 과제는 창업자의 자원(시간과 에너지)이 바닥나기 전에 재정적 안정성을 확보하는 것이다.

· 무려 80%의 벤처기업이 생존싸움 단계를 넘기지 못한다.

· 생존싸움 단계를 벗어나려면 가능한 한 빨리 시장을 찾아야 하고 창업자금을 현명하게 사용해야 한다.

· 생존싸움 단계의 주된 목표는 이 단계를 벗어나 다음 단계인 '재미'로 넘어가는 것이다. 다른 부차적인 일에 정신이 팔려 이 사실을 잊어서는 안 된다.

3장

재미

수익과 즐거움을 동시에 거머쥐어라

"나는 너무 빨리 움직이고 너무 많은 것을 시도하는 회사를 경영하고 싶다. 실수를 전혀 하지 않는다면 모험을 전혀 하지 않아서 그런 것이다."

– 래리 페이지

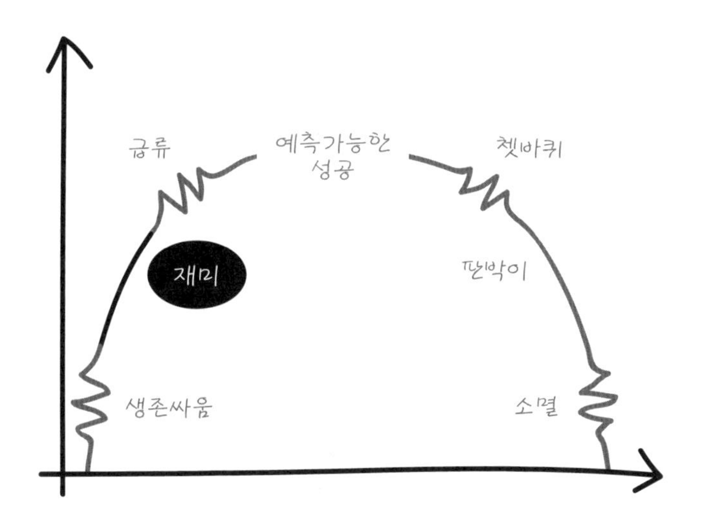

쌍발 경비행기가 착륙을 준비할 때 나는 보고서에서 눈을 떼고 목적지를 떠올리려 애썼다. 어디 보자… 지나온 길을 되밟는 것이 가장

빠르리라… 벨파스트에서 떠났고… 런던에서 이틀을 보내고… 샌프란시스코의 내 사무실에 갔다가… 다시 토론토의 지사에 들렀다가… 다음은 어디였더라? 창밖을 내다보자 숲과 아름다운 강이 보였다. 맞다! 기억이 났다. 비행기는 캐나다 해변의 아름다운 도시에 착륙하려 하고 있었다.

이러한 혼란은 최근 몇 달 사이에 흔한 일이 되었다. 다음 목적지가 어느 곳인지 떠올리려면 탑승권을 봐야 했고, 방 번호를 손바닥에 적어둬야 했다. 시차 문제도 있었다. 항상 끝없이 시차를 계산해야 했다. 세계 여러 곳에 있는 우리의 여러 사무실 중 어느 곳의 누가 깨어 있는지, 밤중에 자다가 전화를 받지 않을 사람은 누구인지, 누가 일을 시작하려는 참인지, 누가 퇴근하려는 참인지를 곰곰이 생각해야 했다. 내 손목시계는 시간대를 2개 표시할 수 있었지만 항상 정보가 부족했다.

이번 여정은 원래 짧을 예정이었다. 이틀 동안 동업자를 만나 주정부 관계자들과 우리의 창업 지원 프로그램 회의를 할 계획이었다. 2년 전 나와 동업자는 창업자를 대상으로 기업 창업 및 육성 방법에 대한 교육을 하자는 데 뜻을 모았다. 우리의 벤처는 들불처럼 순식간에 일어났다. 지방의 정부기관들은 이런 프로그램에 목 말라 있었고(기업을 양성하는 것은 어디에서든 아주 바람직한 일이므로), 18개월 후가 되자 프로그램의 성공 덕분에 우리는 생존싸움 단계를 벗어나고 있었다.

활력과 열정의 시간

그 덕분에 우리 프로그램에 대해 궁금해 하는 사람들에게 일일이 대답해줄 시간조차 없었다. 게다가 회사가 성장하는 빠른 속도를 생각해보라. 나와 동업자는 늘 들뜬 상태였다. 스트레스도 많았고 격무에 시달렸고 일정도 빡빡했으며 지나치게 흥분한 상태였다.

흥분의 일부는 우리가 캐나다의 동쪽 구석에서 여기까지 날아왔다는 이유 때문이었다. 프로그램의 성공 소문이 이곳 지방정부의 경제개발 관계자들 사이에 퍼진 것이다. 그래서 각 지역에서 창업 프로그램을 개발해 지역에 어떤 도움을 줄 수 있는지 설명해 달라는 요청이 쇄도했다. 이외에도 매일 잠재 고객으로부터 비슷한 전화가 걸려왔다. 방문을 해달라거나 그게 어렵다면 직접 찾아오겠다는 전화였다.

비즈니스가 하늘에서 뚝 떨어진 것 같았고, 그 모든 요청에 응하기 위해 나와 동업자는 회의에 나눠들어가곤 했다. 간혹 둘이 꼭 함께 있어야만 할 경우에만 틈을 내 이야기를 나눌 수 있었다. 게다가 활력과 열정이 넘치는 젊은 남자 둘에게 비록 지구 반 바퀴를 돌아야 하지만 잠깐 회의에 참석하는 일이 뭐 대수겠는가? 우리는 이 빈번하지만 짧은 지구 반 바퀴 회의를 '이사회 회의'라고 불렀다. 우리는 사업의 재미를 느끼고 있었다.

그러나 이번 여정은 실패였다. 다행인 것은 재미가 있었다는 것뿐이었다. 착륙한 후 한 시간 후에 있었던 첫 번째 회의에서 우리는 연락을 해온 사람들이 각각 다른 지역 세 곳의 대표자였음을 알게 되었다. 또 이 기관들이 모두 우리가 와서 이 지역에서 프로그램을 직접 운영해주기를 진정으로 바라면서도 비용은 다른 기관이 대기를 바란다는 사실을 알 수 있었다. 아무도 자기 예산을 퍼주고 싶지 않은 것이었다. 세 기관 모두 예산을 전부 탕진한 상태였기에 비용을 마련할 수 없었다.

그러나 문제는 없다. 의기양양한 영웅들은 이러한 일에 좌절하지 않는다. 우리는 호텔 로비에서 커피를 한 잔씩 마시며 전략을 재정비했다. 그리고 —아마 절대 시작되지 않을 프로그램의 세부 내용을 논의하기 위해— 그날 오후와 다음 날의 회의가 시간낭비라는 결론을 내렸다. 두세 통의 전화를 한 후에 우리는 그날 저녁에 그 도시를 떠나 다른 곳으로 가는 비행기를 예약했다. 어리둥절해 하는 접수원에게 호텔 방이 필요 없게 되었다고 설명하는 동안, 아직 풀지도 않은 짐과 함께 바로 몇 시간 전에 도착한 공항으로 우리를 실어가기 위해 차가 도착했다. 전진!

나는 싱가포르로 넘어가 딱 사흘 동안 지부 사무실에 머물며 직원을 뽑아 배치해야 했다. 동업자는 호주 시드니로 날아가 호주와 뉴질랜드에서의 사업 기회를 조사할 것이다. 우리는 일주일 후 홍콩에서 만나 '이사회 회의'를 하기로 했다. 홍콩이 우리 출장지의 중간 지점이기도 했고 만다린 오리엔탈호텔에 적당한 회의실이 있기도 했기 때문이었다.

우리는 그냥 재미를 느낀 게 아니라 큰 재미를 느끼고 있었다.

재미란 무엇인가

생존싸움 단계를 넘어서면 모든 조직은 재미 단계에 도달한다. 이 단계의 특징은 초기에 빠른 성장을 이룬다는 점, 고객을 확보하고 만족시키는 데 엄청나게 집중한다는 점, 그리고 사업의 바탕에 재미가 깔려 있다는 점이다.

재미의 이유는 3가지다. 첫째, 생존싸움 단계를 벗어나는 것 자체가 축하할 일이다. 살아남기 위해 그렇게 고생했는데, 조금 재미를 보고 싶지 않은 사람이 있겠는가? 둘째, 이 시점에서는 기업이 새로운 고객을 빠른 속도로 확보하기 때문에(그 이유는 곧 살펴본다) 창업자로서는 재미가 없을 수 없다. 셋째, 드디어 여윳돈이 좀 생긴다. 한푼 두푼 아끼던 시절은 가고 드디어 돈을 벌게 된 것이다. 비록 일부이지만 그 돈을 쓰는 게 어찌 재미가 없겠는가?

생존싸움 단계의 긴장(우리가 살아남을 수 있을까? 우리가 오래 버틸 수 있을까?)에 비해 재미 단계에서는 여유가 생긴다(우린 성공했어! 주변에 널린 사업 기회를 봐!). 긍정적인 마인드를 낳고 에너지가 생겨나고, 큰 바위를 언덕 위로 밀어올리는 느낌도 덜하다.

생존싸움 단계에서 벗어나면서 잠재해 있던 에너지가 대량 분출된다. 현금흐름이 안정화되고 시장이 확인되면, 창업자나 오너는 기운을 회복하고 들뜬 기분이 되살아나며, 생존싸움 단계의 고생으로 흠집이 났던 자신감도 높은 수준으로 돌아온다. 목줄에서 풀려난 것에 비견할 만한 이러한 해방감으로 인해 생존싸움 단계를 빠져나온 기업은 빠른 속도로 재미 단계로 진입한다. 이때는 보통 창업자를 중심으로 뭉친 친밀하고 중앙집권화된 팀의 역할 덕분에 빠르게 성장한다.

재미 단계에서는, 현금흐름 안정화와 시장 발견에 맞추던 초점도 바뀐다. 현금흐름의 중요성이 줄어든다는 이야기는 아니다. 재미 단계에서는 매출이 높은 속도로 증가하고 비용은 상대적으로 낮기 때문에 현금흐름이 알아서 해결될 뿐이다.

시장 발견의 경우, 생존싸움 단계에서 시장을 확인했으므로 재미 단계에서는 시장을 파고드는 데 초점을 맞춘다. 새로운 활력을 얻은 조직에는 고객이 저절로 붙는 것 같고, 기업은 세력을 확장한다. 거의 100%, 고객에 의해 빠른 성장이 이뤄진다. 그 이유는 에너지 분출, 확실한 현금흐름, 분명한 시장 덕분이다. 나머지 중요한 요인은 간단한 통계의 문제다. 시장점유율이 너무 낮기 때문에(보통 재미 단계의 초기에는 0에 가깝다), 두 자리 수의 성장도 쉽게 달성할 수 있다.

태양을 바라보는 행성처럼

재미 단계의 기업은 항상 그런 것은 아니지만 보통 창업자가 직접 관리한다. 창업 후 두 번째 단계에 지나지 않기 때문에 보통은 최초 창업자가 기업을 운영한다. 조직은 젊고 상대적으로 심플하기 때문에 조직구조도 단순하다. 보통 내가 '태양과 행성'이라고 부르는 것처럼 생겼다.

조직의 모든 역량이 단 한 가지, 즉 영업에 초점을 맞추고 있다. 영업 기능이 가장 중요하고 다른 기능은 그 목표를 향한 부수적 활동이다. 즉, 영업 기능이 바라거나 필요로 하는 것은 무엇이든 한다는 것이 목표다(영업이 바라는 것과 필요로 하는 것의 차이는 다음에 설명한다).

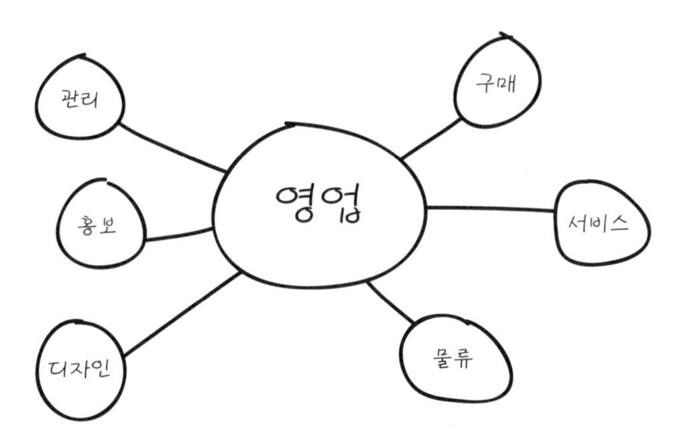

그림 3-1 재미 단계의 조직구조

경영자는 실무에 참여하고, 영업과 운영을 중심으로 회사가 신속하게 움직인다. 경영자가 모든 결정과 활동에 적극적으로 참여하기 때문이다.

경영상 결정을 내려야 할 일이 있으면 대개는 유연성과 반응성에 대한 결정이다. 제안서를 얼마나 빨리 제출할 수 있는가? 그 제품은 언제 도착할까? 어떻게 하면 이 문제를 빨리 해결하고 다음 일을 할 수 있을까? 젊은 조직은 투명성이 높고, 팀은 소규모이고 충성도가 높아 필요할 때면 기꺼이 고생해주리라는 믿음이 있다. 고도로 중앙집권화 되어 있어 창업자가 대부분의 의사결정을 한다. 직책은 유동적이고 경영진은 고객(또는 영업 인력) 만족을 위해 필요한 일이라면 모든 것을 적극적으로 한다.

충신이 나타난다

재미 단계에서 조직은 주로 고객 확보, 즉 매출 확보에 집중한다. 그 직접적인 결과로 성과가 높은 영업직 직원들이 조직의 슈퍼스타로 등장한다. 조직도(그림 3-1)가 보여주듯이 영업 기능이 재미 조직이라는 태양계의 중앙에 있다. 디자인, 엔지니어링, 구매, 설치, 서비스, 행정, 물류 등 모든 다른 기능은, 궁극적인 고객 만족을 위해 아무리 중요하다 해도 종속적인 것에 지나지 않는다. 마치 태양 주위의 행성처럼. 영업이 최우선이다.

이 단계에서는 '고객이 왕이다' 또는 '모든 것은 세일즈에서 시작되며, 다른 모든 것은 따라온다' 등의 주장이 존중된다. 세일즈가 전부이고 다른 모든 것은 부차적이다. 다른 기능(비영업)에서 일하는 직원들은 아무리 일을 잘한다 해도 영업직의 충신들만큼 권리와 정치적

힘, 영향력을 손에 넣기 어렵다.

생존싸움 단계를 벗어나긴 했지만 영업 중심의 성장을 피하고 대신 디자인, 소프트웨어 개발, 자동차 수리 등의 기술에 집중하는 중소기업들이 있다. 이 고급 기술자들은 몇 명의 충성도 높은 고객들을 위한 고품질 제품 생산에 역량을 집중한다. 이들은 좋은 기업들이지만 조직 발달에는 한계가 있다(보통 생존싸움 단계와 초기 재미 단계를 왔다갔다한다). 따라서 이 책의 대상이 아니다.

재미 단계에서 영업 기능이 누리는 이러한 특권은 비정상적이거나 비합리적인 것이 아니다. 이 단계에서는 마땅히 그래야 한다. 재미 단계에서 판매 수익이 갖는 의미는 마치 공기와 같다. 그런 수익이 없으면 조직은 살아남을 수 없기 때문이다. 이후의 단계들에서는 영업에서 잠시 동안 눈을 돌려도 살아남을 수 있다(어떤 의미에서는 오히려 그럴 필요가 있다). 그러나 재미 단계에서는 조직의 자산 기반이 너무 빈약하기 때문에 짧은 시간이라도 판매에서 눈을 돌리면 살아남기 어렵다.

따라서 재미 단계에서 매달 끊임없이 판매 수익을 올리는 영업직원들이 높은 지위에 오르는 것은 놀라운 일이 아니다. 경영자 스스로가 충신일 수도 있다. 창업자는 100% 그런 것은 아니지만 뛰어난 영업자인 경우가 많다. 그렇지 않다 해도 기업이 재미 단계에서 살아남아 성장하기 위해서는 뛰어난 영업직원이 극히 중요하다는 사실을 직관적으로 알고 있다.

그 결과 시간이 지나면서 충신들이 점점 권력의 중심을 향해 이동한다. 경영자를 하루에도 몇 번씩 대면하면서 새로운 비즈니스 기회와 기존 거래에 대해 협의하기 때문에 경영자에게 이야기할 기회도 많다. 또한 경영자가 원할 때 조언과 의견을 쉽게 구할 수 있는 가이드이기도 하다. 게다가 조직의 핏줄(수익)을 휘어잡고 있다. 또 충성심이 높고 지나치리만큼 열심히 일한다.

충신 중의 충신은 기업의 성공에 너무나 핵심적인 역할을 하면서 '땀의 이권'을 얻게 된다. 충신 한 명이 기업의 초기 생존과 성장에 너무 큰 기여를 한 나머지 사업에 대한 비공식적인 투자를 한 것으로, 즉 돈이 아닌 땀을 투자한 것으로 경영자들에게 인정을 받기 때문이다. 그리하여 보너스로든, 실제 이권으로든 충성에 보답하는 차원에서 땀의 이권을 갚아주어야 한다.

재미 단계에서의 영업직 충신이 대두되는 현상은 기업 성장에서 자연스럽기도 하고 필수적이기도 하다. 그러나 불가피하게 성장의 장애물이 뒤따른다. 이 장애물은 조직이 성숙함에 따라 그리고 재미 단계가 급류 단계로 변함에 따라 나타나기 시작한다.

꼬리를 무는 신화와 전설

생존싸움 단계에서 재미 단계로 넘어오는 시기에는 어느 단계에서도 찾아볼 수 없을 만큼 강한 에너지가 분출된다. NASA의 우주선 발사 비유를 사용하자면, 이 시점이 1단계 로켓이 떨어지고 부스터 로켓이 중력을 이겨내고 우주선을 대기권 밖으로 밀어올리는 시점이다.

생존싸움 단계에서 억제되어 있던 엄청난 추진력 덕분에 조직은 재미 단계로 올라선다.

이러한 폭발적인 에너지는 대부분 새로운 고객을 확보하고 만족시키는 데 사용된다. 그리고 재미 단계에서 새로운 고객을 찾기가 가장 쉽다. 오히려 재미 단계의 초기에는 조직이 감당하기 힘들 정도로 일을 떠맡는 경향이 있다. 영업 기회가 생기면 거절하지 못한다. 주문이 아무리 까다로워도 어렵지 않다. 납기가 아무리 촉박해도 맞출 수 있다. "새로운 잠재고객이 원하는 게 무엇이든 우리는 그걸 해주기로 약속합니다. 들어오는 일거리는 거의 무조건 맡습니다."

이렇듯 선택이라는 것이 존재하지 않는 이유에는 3가지가 있다.

- 회사가 이 시장이 진정 지속가능한지 아직 확신하지 못하기 때문이다. 지금 올리고 있는 매출이 일시적일까 봐, 금방이라도 사라질까 봐 두렵다.
- 회사의 자산 기반이 빈약하므로 기를 쓰고 수익을 확보하려 한다.
- 회사가 아직 스스로의 한계나 능력을 모른다. 뭔가 해보기 전에는 그걸 할 수 있는지 없는지 알 길이 없다.

훌륭한 창업자라면 뛰어난 내부 처리체계를 갖추고 있기 때문에 보통은 불가능해 보이는 납기와 주문 생산을 어떻게든 해낸다. 비록 전 직원이 카페인에 의지해 밤을 새우고, 막판에 무시무시한 태풍이 몰아치더라도 말이다.

고객 A에게 제품을 화요일에 납품하겠다고 했다면, 제품은 화요일 오후 6시에, 아니 오후 6시 1분에라도 인도할 장소에 놓인다. 고객 B가 원래 파란색인 제품을 분홍색으로 제작해달라고 하면 경영자와 판매를 성사시킨 직원은 밤을 새워서라도 분홍색으로 전달한다.

이러한 무용담을 오랫동안 기억하면서 거듭 이야기하고 기념하는 것도 이해할 만하다. 파격적인 조건으로 경쟁업체로부터 주문을 가로챈 다음 그 약속을 이행하고 말도 안 되는 고객 서비스를 제공했던 무용담. 이러한 무용담들이 무의식적으로 때로는 의식적으로 하나의 기준으로 변한다. 재미 단계에서 분출되는 엄청난 에너지로 인해 가능했던 그리고 젊은 조직 특유의 투명하고 빠릿빠릿하고 가벼운 조직구조 덕분에 촉진되었던 뛰어난 성과가 훗날의 시금석이 되는 것이다.

예측가능한 성공에 도달하기 위해서는 이러한 신화와 전설, 사건들을 기억해야 한다.

지도에 더 많은 깃발을 꽂아라

조직이 재미 단계에 있을 때는 움직이는 속도가 엄청나 모든 조직원이 헌신하며 사기가 하늘을 찌른다. 어려운 시기도 겪겠지만 팀원들(보통 오너가 개인적으로 채용한 사람들로, 능력보다는 충성심과 긍정적인 태도 때문에 뽑힌 사람들이다)의 유대가 긴밀하기 때문에 고생과 어려움을 겪으면서 멀어지는 게 아니라 오히려 가까워진다.

기업의 '태양과 행성'의 형태는 조직도라기보다는 사실을 인정하는 것이다. "우리는 살아남아 성장하기 위해 매출을 올려야 한다. 우리 모두의 존재 이유는 팔기 위해서이거나 아니면 파는 것을 지원하기 위해서이다."

특히 초기 재미 단계에서 거듭 성공하면서 자신감이 붙고, 모험 정신이 하늘을 찌르는 중기와 후기 단계에서는 경영자들이 다음에 무슨 일을 벌일지 잘 모르기 때문에 흥분이 생겨난다. 월요일 아침 전직원 회의에서 갑자기 인터넷 부서를 만든다든지, 아프리카에 사무소를 연다든지, 다국적기업과 제휴한다든지 하는 소식을 전할지도 모른다. 성장이 전부이다. 경영자들은 사무실 확장, 지점 확장, 제품 확장, 서비스 확장, 제휴 확장, 종수 확장, 확장, 확장 또 확장을 하면서 지도에 깃발을 꽂는 데 재미를 붙인다.

구조적인 것을 좋아하는 사람, 직책과 분명한 경계를 원하는 사람, 절차와 제도를 즐기는 사람이 재미 단계의 조직에서 일하면 심한 좌절감을 느낀다. 재미 단계에서 재미를 느끼는 이유는 체계가 없고 자유분방하고 거의 무질서하기까지 한 조직의 유연성 때문에 개인이 도전할 여지가 많이 주어진다. 직책에 따른 업무가 정의되어 있지 않고 계속 변한다. 자발성이 중시되고 프로젝트의 성격이 계속 바뀌며, 새로운 일을 할 기회가 지천에 널려 있다. 그러나 이러한 모호함과 불확실성에 대처하는 능력이 꼭 필요하다. 그런 능력이 있다면 재미 단계에서 큰 흥미를 느낄 수 있다.

그렇다고 해서 재미 단계의 기업에서 일하면 전혀 불만이 없다는 말은 아니다. 많은 불만이 있을 수 있으며, 그 불만은 대부분 경영자 때문에 생긴다. 다음에 무슨 일이 벌어질지 모른다는 것은 한 가지 길을 정해놓고 따라갈 수 없다는 뜻이며, 방향이 180도 바뀌는 일이 잦다는 의미이며, 급여 수준(전체적인 체계 없이 건별로 정해진다), 휴가(기준이 없고 그때그때 사유를 말해야 한다), 근무시간(기본적으로 경영자가 사무실에 있을 때까지 함께 있어야 하는데, 그게 언제일지가 예측하기 힘들다) 등이 예측 불가능하고 변덕스럽다는 뜻이다.

이러한 불만이 쌓이면 아주 힘들어질 수 있다. 그러나 얻는 것은 많다. 설령 금전적으로는 아니라 해도 적어도 기업이 총체적으로 어떻게 돌아가는지 관찰할 수 있고, 조직이 발전한 이후 권력의 중심에 가까이 갈 수 있기 때문이다.

그러나 함정도 있다

이렇게 보면 재미 단계에서는 잘못될 일이 별로 없을 것 같다. 재미 단계가 재미있다고 말하면서 위험을 거론하는 이유는 뭘까? 아이들을 돌보지 않고 저희들끼리 놀게 두었을 때와 마찬가지로 조만간 뭔가가 잘못되기 마련이다. 몇 가지 가장 흔한 문제를 들면 다음과 같다.

1. 자금이 너무 많은 신생기업은 재미 단계가 아닌데도 재미 단계라고 착각한다 신생기업에 자금이 너무 많은 사실이 왜 문제란 말인가? 신생기업이 성공하기 위한 두 번째 원칙이 가능한 한 많은 자원을 끌어모아 지속가능한 시장을 찾는 것 아니었던가? 게다가 생각한 액수가 얼마든 3을 곱하라고 하지 않았던가?

모두 맞는 말이다. 그럼에도 불구하고 자금이 너무 많은 신생기업의 창업자들이 사실은 생존싸움 단계에 있음에도 재미 단계에 있는 것처럼 착각하고 행동하는 경우가 있다. 특히 벤처 자본의 세계에서는 흔한 일이다. 기업이 시장을 찾는 일에 집중해야 할 시점인데도 시장이 있는 것처럼 착각한다. 그리고 시장이 있는 것처럼 돈을 쓴다. 이것은 내부적인 자기 암시의 힘 때문이다.

그래서 어떻게 되느냐고? 창업자들은 더 많은 현금을 확보하려고 혈안이 되어 이 시장 저 시장을 기웃거리면서 투자자들을 설득한다. 그러다 보면 결국 돈을 대는 투자자들은 이 기업은 살아남기 어렵겠구나라는 깨달음을 얻고 돈이 흘러나오는 수도꼭지를 잠가 버린다.

2. 비용이 통제를 벗어나면 빚더미에 앉게 된다 재미 단계에서는 너무 흥분한 나머지 비용이 급상승해 회사 전체가 흔들릴 수 있다. 생존싸움 단계에서 몇 달(몇 년) 동안 금욕생활을 했기 때문이기도 하고, 회사가 성공을 거듭하면서 자신감이 붙었기 때문이기도 하다. 창업자들은 직원을 늘리고 새로운 곳에 호화로운 사무실을 열고, 사치스러

운 마케팅 행사를 벌이고, 직원이 자유재량으로 쓸 수 있는 돈을 더 늘린다.

그 결과 어느 날 경영자는 충격과 함께 기업이 빚더미에 올라 앉아 있는 것을 발견한다. 처음에는 "어떻게 이럴 수가 있지? 그렇게 매출이 많았는데 빚을 지다니 말도 안 돼"라고 놀란다. 당연한 이야기지만 판매를 통해 거두는 수익이 기업의 엄청난 경비를 대기에 충분하지 않게 된 것이다.

이러한 상황을 피하기 위한 방법은 특별한 게 아니다. 정확하고 시의적절한 회계결산 보고서를 작성하고 꼼꼼이 읽어보면 된다. 재미를 극대화하기 위해서는 원가계산을 위한 투자가 이뤄져야 한다. 즉, 수입과 원가를 프로젝트 또는 고객 단위로 분석하는 것이다. 이렇게 함으로써 수익성이 좋은 비즈니스가 무엇이고 나쁜 것은 무엇인지를 파악한다. 이것은 빨리 할수록 좋다. 두 번째 고객이 생기자마자 해야 한다. 또 일을 마칠 때마다 변동 원가를 확인하고, 고정비를 점검하는 습관을 들여야 한다.

3. 자아도취는 멸망의 지름길이다 특히 거듭되는 초반의 성공을 거친 후기 재미 단계에서는 창업자들에게 이카로스(새의 깃털과 밀랍으로 만든 날개를 단 채 하늘 높이 올라갔다가 아버지의 충고를 무시하고 태양열에 밀랍이 녹아 떨어져 죽은 그리스신화 속의 인물) 콤플렉스가 생겨난다. 즉, 손대는 일은 뭐든지 잘 해낼 수 있다는 망상을 한다. 그러다가 결

국 태양에 너무 가까이 다가간다. 조직을 지나치게 확장하고 사무실이 지나치게 많고, 신제품 라인이 자원을 지나치게 많이 소비하고, 합작 사업이 틀어진다. 자아도취는 여러 형태로 나타날 수 있지만 결말은 눈물로 끝을 맺는다.

내 경험으로 말하자면, 이것은 어떤 동업자를 택하느냐에 따라 악화될 수도 있고 최소화될 수도 있다. 같은 벤처기업 내에 경쟁심이 강한 창업자 두 명을 짝 지어주는 것보다 위험한 일은 없다. 본인들은 그 스릴을 즐기겠지만 결국 태양에 너무 가깝게 날도록 서로를 부추긴다.

반대로, 외향적인 창업자와 냉철한 현실주의자가 동업을 하면 무모한 모험과 겉치레에 제동을 거는 데 큰 도움이 된다. 동업자가 없거나 동업자를 원치 않는 창업자는 판단력을 믿을 수 있는 한두 명을 선택해 비공식적인 자문 역할을 맡기는 것이 좋다. 보수를 주거나 이사로 등록하지 않아도 되고, 그냥 한 달에 한 번 정도 식사를 하면서 대화를 나누면 된다. 지금 하고 있는 일과 계획하고 있는 일을 들려주고 그들의 이야기에 귀를 기울여라. 그렇게 한다고 해서 자아도취에 빠지지 않는다는 보장은 없지만 터무니없는 일을 저지를 확률은 줄어든다.

재미 단계에서 벗어나기

재미 단계에서 벗어난다고 하면 처음 드는 의문은 "왜 굳이 벗어나야 하느냐"이다. 이렇게 흥미진진하고 변화무쌍하고 보람찬 단계를 누가 벗어나고 싶겠는가?

대답은 2가지 때문이다. 첫째, 재미 단계를 벗어나고 싶지 않은 사람들이 너무 많다. 기업이 재미 단계에 있으면 그곳에 그냥 머물고자 한다. 영세기업 중에는 재미 단계에 있는 기업이 많으며 꼭 이 단계에 머무르려고 한다. 여러분이 좋아하는 동네 맛집이나 옷가게, 그래픽 디자이너가 아마도 재미 단계에 있을 것이며 그 자체가 바로 여러분이 그곳을 좋아하는 이유 중의 하나이다. 재미 단계에 있는 기업과는 거래하는 것도 재미있기 때문이다.

재미 단계에서는 사는 게 즐겁다. 때로는 굉장히 즐겁다. 기업 성장에서 재미 단계는, 매우 유능한 경영자가 평균 이상의 수익을 내고 아주 확실한 현금흐름을 확보한 단계이다. 재미 단계에서는 경영자에게 두 번째 주택이나 요트, 골프장 회원권을 구입하고 해외여행을 할 수 있는 여유가 생기기 시작한다. 중기(혹은 후기) 재미 단계에 있는 기업을 소유하고 있다는 것은 자기만의 영토에서 왕이 된 것이나 마찬가지다. 권력도 많고 보상도 크고 기쁨도 크다.

이미 그런 경험을 한 터라 재미 단계를 넘어 다음 단계로 기업을 진행시킨 경영자들 중에는 세 번째 단계(급류 단계)가 마음에 안 들거나,

그 단계를 유지하는 능력이 부족하다는 것을 깨닫는다. 이러한 경영자들은 뒤로 물러서 기업의 규모를 줄여 재미 단계로 돌아가기로 결정한다.

예컨대 동네 카펫 가게나 소규모 식당이 장사가 잘 돼 지점을 두세 개로, 또 대여섯 개로 확장을 하는 것이다. 하지만 얼마 지나지 않아 몸과 마음이 지치고 불행해져 옛날이 훨씬 좋았다는 판단을 내리고 행복했던 옛날로 돌아가는 모습을 보았을 것이다. 바로 그 사람들이 성장을 멈추고 재미 단계로 돌아간 사람들이다.

그렇다면 나머지 사람들은 어떤가. 기업의 성장에 제동을 걸고 싶지 않은 경영자들, 시장을 개척해 성장을 계속하고 싶은 경영자들 말이다. 이들은 아주 큰 야심을 가졌을 수도 있고 아닐 수도 있지만 어쨌거나 성장하고 싶고 제자리걸음을 하고 싶지 않은 사람들이다. 이러한 경영자들에게는 이상한 일이 생긴다. 일부러 재미 단계에서 벗어나려 애쓰지 않아도 성장의 결과로 자동적으로 재미 단계에서 '쫓겨나게' 된다.

왜 그럴까? 성장하는 기업의 경영자들은 '재미 단계에서 벗어날' 필요를 느끼지 못한다. 사실 이 시점에서는 그런 생각 자체를 하는 경영자가 거의 없다. 마치 물속의 물고기나 마찬가지다. 물고기가 자기가 '물' 속에 있다는 것을 못 느끼듯이 자기 기업이 '재미 단계'에 있다는 것을 인식하는 경영자는 거의 없다. 그냥 회사 운영이라는 일상의 업무를 하고 있을 뿐이다.

따라서 이 단계에 있는 대부분의 경영자에게는 기업을 성장시킨다는 것은 단순히 하는 일을 더 하는 것밖에 되지 않는다. "어제 했던 일을 계속 하자. 대신 더 하자." 이 시점에서 성장이란 단순히 산술적인 것이다. "1 더하기 1은 2인데, 우리는 2보다 더 많은 걸 원하니까 10이나 100, 1000, 그것도 아니면 우리 목표에 도달할 때까지 계속 더 하자." 이들은 성장이라는 것이 유기적이고 자연스러운 과정이라고 생각한다.

그러다가 불가피하게 성장과 함께 다른 것이 찾아온다. 바로 복잡성이다. 초기 재미 단계에서는 직원이 10명뿐이었던 단순명료하고 빠릿빠릿했던 기업이 25명으로, 또 50명, 100명으로 성장한다. 이제 관리의 층이라는 것이 생겼다. 커뮤니케이션 속도가 느려지고 잘못이 생기기 시작한다. 경영자는 조직에서 일어나는 모든 일을 바로 해결하기는커녕 알지도 못한다. 그러다가 어느 날 상상도 할 수 없는 일이 생긴다. 고객을 실망시킨 것이다.

그리고 이 시점이 되면 아주 천천히 모든 것이 변한다. 처음에는 서서히 그러나 눈에 띄게…. 지금까지 재미있기만 했던 순탄한 항해 대신 기업이라는 배가 조금씩 기우뚱거리기 시작한다. 잘못되는 일이 더 많아지고 실수가 늘어난다. 사람들이 뱃전을 잡기 시작한다. 수익이 떨어진다. 바닷물이 뱃전을 넘어 들어오기 시작한다. 그리고 어느새 노력한 적도 없이 재미 단계에서 쫓겨나 있다.

좋거나 싫거나 급류 단계에 도착한 것이다.

Summary

- 재미 단계는 모든 조직의 발전에서(생존싸움 단계에서 살아남는다는 전제 하에) 자연스러운 두 번째 단계이다.
- 재미 단계에서 기업은 주로 판매 수익 창출에 집중한다.
- 충신, 즉 기업의 생존과 성공에 기여함으로써 땀에 대한 이권을 거머쥐는 —보통 영업직의— 직원들이 대두된다.
- 재미 단계에서 조직은 신화와 전설을 만들어내지만 이것은 나중에 비현실적인 목표가 된다.
- 재미 단계의 조직에서 일하는 것은 흥미진진하지만 모호성에 대처하는 능력이 필요하다.
- 때로는 재미 단계에서 과도한 자신감이 생겨 최악의 경우 오너들이 기업에 해가 되거나 망하게 하는 모험을 감행할 수도 있다.
- 재미 단계에서는 원가관리가 매우 중요하다.
- 재미 단계의 높은 보상 때문에, 그리고 재미 때문에 이 단계를 벗어나지 않기로 결심하는 오너들도 있다.
- 기업의 규모가 커진 다음에도 재미 단계로 다시 돌아오는 경영자도 있다.
- 기업이 계속 성장하면 자동적으로 재미 단계를 넘어 급류 단계로 진입한다.

4장

급류

효율성을 높이기 위한 복잡함과의 사투

"당신이 회사를 창업해서 경영하다 보면 이내 회사가 당신을 경영하게 될 것이다."

– 데이빗 닐레만

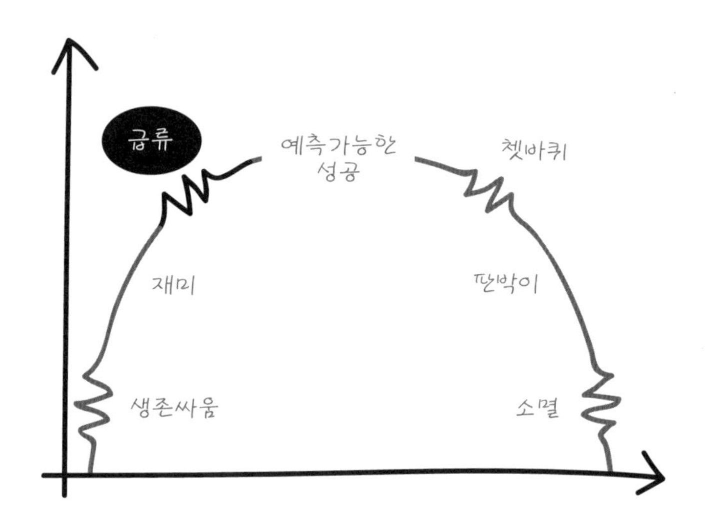

전화기에 익숙한 발신번호가 떴지만 정확히 누구인지는 감을 잡을 수 없었다. 지역번호가 415면 샌프란시스코 어디쯤일 텐데…. 4년 동

안 그 지역에서 살았으니 누구든 내가 아는 사람이 전화했을 가능성이 컸다. 그래서인지 로빈의 목소리가 들려왔을 때 조금 놀라긴 했지만 까무러칠 정도는 아니었다. 로빈과 나는 예전에 2년 동안 함께 일한 적이 있었다. 그 시절 그녀가 일하는 그래픽디자인 대행사는 빠르게 성장했고 재미 단계를 질주하고 있었다.

"로빈! 오랜만이네요. 요즘 일은 잘돼 가나요?"

평소 전화할 때처럼 일상적인 안부를 물었을 뿐인데 한숨을 내쉬는 그녀는 한동안 말을 잇지 못했다. 평범한 질문으로 받아들이지 않는 게 분명했다. 사실 내게 전화를 건 이유도 바로 평범하지 않은 일 때문이었다.

"지쳤어요. 일이 너무 피곤해요." 로빈이 드디어 말을 꺼냈다. 목소리에 힘이 없었고 많이 지쳐 있었다. "그래서 이렇게 어쩔 수 없이 전화를 한 거예요."

나는 2년 전 그 회사의 주차장에서 마지막으로 차를 몰고 나오던 때를 떠올렸다. 회사는 해안도로변에 위치해 있었고, 아름답게 가꾼 정원 사이로 금문교가 보이는 곳이었다. 끝자락에 있는 샌프란시스코만의 기막힌 절경이 한눈에 들어왔던 기억이 떠올랐다. 나는 그곳에서 로빈과 함께 일한다는 것을 항상 즐겁게 생각했다. 로빈과 부서 팀원들은 활력과 창의성, 열정을 갖고 있었다. 이 회사는 신이 나고 재미있는 곳이었다. 그녀를 도우면서 성장 전략을 세우는 동안 나 또한 훌륭한 팀과 함께 일한다는 것이 진심으로 즐거웠다.

그녀와 헤어지던 마지막 순간에 내게 했던 말이 떠올라 흐뭇해졌다. 그녀는 내 차에 허리를 구부리고 말했다. "레스, 당신 말대로 우리 회사는 재미를 좀 보고 있어요. 이 상태가 계속 유지되면 좋겠어요." 그녀는 차 지붕을 탕 하고 치면서 밝은 미소로 인사를 마무리했다. 그러나 그녀는 이제 재미 상태를 유지하지 못하고 있는 듯했다.

"모래늪을 걷고 있는 것 같아요. 우리가 함께 했던 시절을 기억해보세요. 얼마나 민첩하고 유연했었는지. 고객을 놓친 적도, 마감 시한을 놓친 적도 없었잖아요. 좋던 시절은 다 가버렸나 봐요."

"좋은 시절이 가버렸다고?"

"완전히 끝나버렸다고 할 순 없지만… 어쨌든 요즘은 그렇지 못해요. 매번 다른 사람의 뒤를 쫓아가는 기분이랄까. 따라잡으려고 계속 달리기만 해요."

그녀는 잠시 말을 멈췄다.

"레스, 난 최근 몇 달 동안 고객을 만난 적이 없어요. 계속 회의만 해대느라고. 전쟁이나 다름없어요. 직원들과 끊임없이 논쟁만 벌이고 있다니깐요."

그녀는 말을 멈추었다 다시 시작했다.

"예전에는 논쟁이라곤 없었어요. 나와 토드, 안드리아는 요즘 매번 사소한 문제들로 언쟁을 벌이며 골머리를 앓고 있어요."

토드는 관리자로서 회사의 일상적인 업무를 맡고, 안드리아는 선임 디자이너였다. 로빈은 창업자이자 오너일 뿐 아니라 주요 고객을 담당하는 관리자였다.

"너무 절망적이에요, 레스. 이렇게 하려던 게 아니었거든요. 전 한 번도 큰 회사들이 하는 일에 관심을 가져본 적도 없었어요. 이렇게 회사에 틀어박혀 직원들에게 명령하고 지시하는 것 말입니다. 전 이러한 것에 관심이 없어요. 당신도 알잖아요. 내가 훌륭한 고객들을 만나 훌륭한 디자인을 안겨주고 싶어 하는 열망이 얼마나 큰지…."

그녀는 말을 흐렸다. 나는 그녀를 이해할 수 있었다. '우리는 훌륭한 고객에게 훌륭한 디자인을 제공합니다.' 이것이 바로 그녀가 (그리고 그 회사가) 표방하는 슬로건이었다. 그녀는 이 슬로건에 대해 수없이 설명하곤 했다. 그녀에게 전부나 다름없는 말이었다. 나는 그녀가 생각을 정리할 수 있도록 아무 말도 하지 않고 기다렸다.

"다시 예전으로 돌아가고 싶어요."

레고 테이블은 더 이상 없었다

2주 후, 나는 로빈의 회사에 도착해 몰고 온 렌트카를 주차장에 세웠다. 그녀가 회사를 방문해 달라고 나를 설득하기까지는 오랜 시간이 걸리지 않았다. 나는 그녀와 함께 일하는 것이 좋았고 회사를 방문하는 것도 좋았다. 밖에서 보았을 때 회사는 달라진 게 거의 없었다. 예전처럼 잘 꾸며진 정원에 아담한 건물, 멋진 풍경, 게다가 날씨도 변함없이 좋았다.

그러나 회사 내부는 너무 다른 모습이었다. 정감 있고 멋들어지고 창의성이 돋보이던 사무실은 온데간데없고 혼돈과 무질서가 만연한 곳으로 바뀌어 있었다. 서류, 메모, 고객 디자인과 관련된 문서들이 여기저기 흩어져 있었다. 종이들은 어지럽게 책상 주위에 흩어진 채로, 서류함 위에 쌓인 채로, 바닥에 쌓인 채로 있었다.

예전에는 의자로 사용하는 운동볼, 책상으로 사용하는 레고 테이블 등으로 사무실을 재미있게 구성해 창의적인 사고와 협력에 도움이 되었다. 그러나 지금은 우중충한 색상의 칸막이가 자리를 대신했다. 공기가 빠진 운동볼은 벽 쪽으로 치워져 있었다. 이 벽은 지난 영광을 아무 말 없이 지켜봐온 산 증인이었다.

과거에 왔을 때는 생기발랄하고 멋스럽고 집중력이 뛰어나고, 활력이 넘치는 사람들이 나를 맞이해주었다. 반면 이번에는 사람들이 너무 바빠 나를 흘끗 쳐다보기만 했다. 사무실 안에는 일에 치여 지친 사람들도 가득했다. 긴장되고 불안정한 분위기였다.

그때 멀리 회의실 입구에 로빈이 나타났다. 한때는 환하게 웃던 그녀였지만 지금은 활기 없는 미소를 띠며 나에게 손짓을 했다. 그 뒤로 토드와 안드리아가 앉아 있었다. 로빈은 악수를 나눈 후 커피를 따라줬다. 토드는 사진이 첨부된 문서를 책상 위에 펼쳐 나눠주었다.

"회사는 계속 적자에요." 그는 본론부터 꺼냈다. "회사가 어떤 상태인지 잘 모르겠어요. 너무 기본적인 자료들밖에 없어서, 그 이상은 설명하기가 어렵습니다."

베이글을 물고 있던 안드리아가 고개를 들고 말했다. “돈 문제는 일단 접어두죠. 그것보다는 고품격 디자인에 대한 명성을 잃어가고 있다는 게 더 큰 문제에요. 돈보다 이게 더 심각한 문제 아닐까요? 이 업계에서 명성을 잃으면 사망 선고를 받은 거나 다름없으니까요.” 토드는 나를 쳐다보더니 안드리아에게 고개를 돌렸다.

“안드리아. 돈은 심각한 문제에요. 돈 문제는 접어두자니, 무슨 그런 말씀을?” 그는 로빈을 향해 말했다. “계속 회사를 유지하려면….” 이때 내가 손을 들었다. 시작부터 쉽지 않았다.

“여러분. 잠시만요. 그 문제들은 조금 후에 충분히 다루도록 하고, 일단은 처음부터 찬찬히 생각해보죠.” 나는 세 사람을 바라보았다. 그들은 입을 굳게 다물었다. 서로 쳐다보려고 하지도 않았다. 이들에게도 쉽지 않은 시간임이 틀림없었다.

“혹시 2년 전 저와 함께 했던 마지막 날을 기억하나요? 제가 그때 여러분의 회사가 재미 단계에서 이러저러한 일들이 일어날 거라고 말씀드렸는데 기억나세요?” 로빈은 애써 웃으면서, 토드는 눈을 굴려가면서 고개를 끄덕였다. “아침이 지나면 저녁이 오는 것처럼, 재미 단계 후에 다른 단계가 올 거라고 말한 걸 기억하세요?” 로빈은 고개를 살짝 끄떡이면서 막연히 무언가를 기억한다는 뜻을 내비쳤지만 토드와 안드리아는 당황스러워 했다.

“아뇨.”

나는 이 심각한 순간에 웃음을 참지 못하고 키득키득 웃었다. “기억하지 못할 거라 예상하고 있었어요."

재미 단계에 있는 사람들은 대부분이 그렇다. 도대체 왜 그럴까? 간단하다. 재미 단계는 사람들이 머물고 싶어 하는 멋진 단계이기 때문이다. 어느 날 갑자기 재미 단계가 끝날 수도 있다는 말을 누가 기억하고 싶겠는가?

"여러분이 기억하든 못하든 여러분은 이미 그 단계에 도착했습니다. 성장의 다음 단계로 접어든 걸 축하드립니다. 여러분은 지금 급류 단계에 와 있습니다."

급류란 무엇인가

급류란 생존싸움과 재미 다음에 오는 성장의 세 번째 단계이다. 어떤 조직도 이 단계를 피할 수 없다. 급류는 재미 후에 자연스럽게 따라온다. 즉, 급류 단계로 진입하기 위해 회사가 특별히 해야 할 일은 없다. 일단 재미 단계로 접어들면 성장이 멈추지 않는 한 회사는 자동적으로 급류 단계로 진입한다.

달리 말하면, 급류는 피할 수 없이 당연히 맞이하는 과정이다. 작지만 활기찬 조직이 생존싸움에서 빠져나와 재미 단계로 접어들어 성장을 하면 회사는 전보다 훨씬 더 복잡해진다. 즉, 직원이 많아지면서 의사결정도 어려워지고, 결재 라인도 명확하지 않아 일상적인 업무도 진행이 느려진다. 그것만이 아니다. 고객이 늘어나면서 제공해야 할 상품이나 서비스에 대한 불만도 늘어난다. 새롭게 시작한 조직이 이러한 일을 경험해볼 리가 없다. 결국 조직은 새로운 고객에게 다가가 영업하기보다는 기존의 거래처에 대한 서비스 제공에 더 많은 시간을 할애한다.

물론 제도와 절차가 확립된 큰 조직은 이러한 복잡함을 쉽게 풀어나갈 수 있다. 제도와 절차는 바로 이러한 복잡함을 효율적으로 다루기 위해 존재하기 때문이다. 문제는 이제 갓 성장하기 시작한 조직에 이러한 제도와 절차가 정착되어 있겠느냐는 점이다. 설사 있을 순 있어도 강력하지는 않다. 지금까지는 성장만을 바라보고 달려왔던 터라 그런 것은 필요성이 덜했다. 더군다나 이 단계의 사람들은 제도와 절차가 불필요하다고 생각한다. "우리는 유연하게 언제든 변화에 대처할 수 있어. 직책이나 업무 분장, 제도, 절차 같은 게 왜 필요하지? 그냥 열심히 일하면 되는 거지."

그 결과 급류 단계에서는 그 이름만큼이나 고통스러운 시간이 된다. 그 기간이 필요 이상으로 길어지기도 한다. 왜냐하면 높은 지위에 있는 사람들이 급류를 통과하기 위해 반드시 필요한 제도와 절차를 거부하기 때문이다. 이유는 있지만 억지스러운 측면이 더 강하다. "우린 젊고 활기차. 우린 체계 같은 것은 필요하지 않은 창조적인 조직이야."

그래서 이들은 지금까지 제도와 절차를 무시해 왔다. 그래서 급류 단계를 해결하는 도구로서도 사용하지 않고 거부하는 것이다. 그러나 기업이 안정적으로 급류 단계를 벗어나려면 제도와 절차는 반드시 있어야 한다.

끓는 물 속의 개구리

현명한 경영자가 제도와 절차의 도입을 꺼리는 이유는 무엇일까? 기업을 붕괴시킬 수도 있는 급류의 물살 때문에 배가 흔들리는 것을 막을 수 있는데도 말이다.

그 이유는 하루아침에 급류에 휩쓸린 것이 아니기 때문이다. 급류에 빠지는 일은 인식하지 못할 정도로 서서히 진행된다. 냄비 안에 들어 있는 개구리는 물의 온도가 서서히 올라가도 전혀 인식하지 못한다. 그러다가 결국 물이 뜨거워지면 죽음에 이른다. 이처럼 대부분의 경영자들도 물의 온도가 올라가는 것을 깨닫지 못한다. 급류에 휩쓸리고 마는 것이다.

그렇기 때문에 상황을 호전시키기 위해 제도와 절차를 바꿔야 한다는 사실을 알 리가 없다. 재미 단계에 있는 경영자의 관점에서 보면, 급류 단계의 초기 증상은 단순히 도로 위에 난 과속 방지턱 같은 문제일 뿐이다. 엄청난 변화가 곧 다가오리라는 신호로 받아들이지 못하는 것이다.

화물을 잃어버렸다고? 화물보관소 직원인 지미가 그날 따라 아팠었지. 그래서 문제가 발생했군. 음, 이런 일이 다시 일어나지 말아야 할 텐데.

큰 프로젝트를 위해 구매한 물품이 다른 물품이었다고? 음, 그럴 수도 있지. 이건 누구나 할 수 있는 실수야.

회사의 제품에 실망한 고객이 상사에게 전화를 걸어 불만을 토로하고 있다고? 그 고객은 원래 문제가 많았어. 처음부터 관계를 맺지 말걸 그랬어. 문제가 많아도 해답은 간단해. 더 많이 파는 거야! 우리는 판매에 강하니까. 그리고 매출이 많을수록 더 많은 수익을 얻게 돼. 즉, 더 성장하게 된다는 뜻이지. 그렇지 않은가?

하지만 급류에 속도가 붙을수록 이런 해결책은 점점 정답이 아닌 것으로 드러난다. 비디오를 몇 달 후로 빨리감기 해보자. 화물보관소에서는 이제 매주 최소 하루 이상 납품기일이 지연되고 있다. 판매된 제품은 반품되어 돌아오는 일이 잦아졌다. 즉, 총 판매한 제품의 11%는 반품되어 돌아온다. 고객 불만도 잦아져 이제 모든 직원들이 전화로 대응하고 있다. 제품 판매는 오히려 상황을 악화시킬 뿐이다. 그러나 재미 단계에서의 초점은 '판매'이기 때문에(그리고 아직까지 재미 단계가 끝났다는 사실을 인식하지 못하기 때문에), 회사는 계속 팔고 팔고 또 팔려고만 한다. 그러면서 무거운 짐은 점차 판매 이외의 부서들이 떠맡게 된다.

급류가 극에 달하면 회사는 판매 부서를 지원하기 위해 사용했던 시간과 자원을, 판매에서 발생하는 문제와 비상상황을 해결하기 위해 쏟아 붓는다.

이렇게 되면 곧 2가지의 결과가 나타난다. 첫 번째는 성장이 멈춰버린다. 회사의 초점이 판매에서 내부의 급한 불을 끄는 것으로 맞춰지기 때문이다. 두 번째는 수익이 악화된다. 비효율을 초래하는 문제가 연속 발생하면서 이를 해결하는 데 비용이 소모되기 때문이다.

이 2가지의 변화(매출과 수익의 감소) 때문에 회사는 본격적인 급류 단계로 접어든다.

심장과 콩팥 구조로 바꾸어라

납득할 수 있는 '문제'들이 이따금씩 발생하는 초기의 산들바람은 이제 서서히 바뀐다. 본격적인 급류 단계, 즉 배가 이리저리 흔들리는 급류 단계가 되면 고위 경영자들도 '아!'하고 탄식하기 시작한다.

비틀거리는 성장, 메마른 수익 구조를 낳는 문제와 실수라는 큰 파도를 만나게 되는 것이다. 이를 멈추게 하려면 회사는 판매 이외의 다른 모든 부문에서 탁월해져야 한다. 유통과정에서의 문제, 구매 과정에서의 실수, 고객의 불만(또는 기업이 직면한 운영의 복합적인 어려움)을 없애기 위해(혹은 최소한 현저히 줄이기 위해), 세일즈 부서에만 기울였던 배려와 관심을 판매

> 엄밀히 말하면 이는 조직의 처음 구조를 '재편'하는 것이 아니다. 생존싸움과 재미 단계를 거치면서 지금까지의 조직구조는 단순히 개념적인 것이었다. 즉 형식적으로 존재하고 있었다. 급류 단계에서 조직구조는 경영을 위해 진정으로 필요한 도구라는 생각을 처음으로 하기 시작한다.

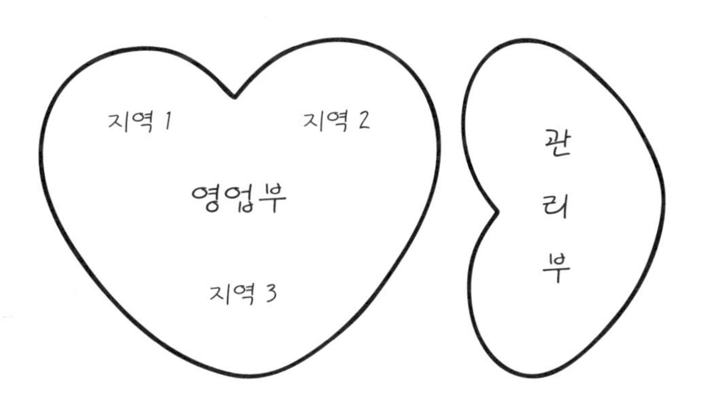

그림 4-1 심장과 콩팥

이외의 부서에 쏟아야 하는 것이다.

첫 번째 단계로, 조직구성을 재미 단계의 태양과 행성의 구조(그림 3-1)에서 벗어나 '심장과 콩팥' 구조로 재편해야 한다.

기업에서 세일즈 이외의 부서는 독자적인 행성으로 간주된다. 이제껏 그 부서들의 유일한 목적은 세일즈의 필요에 따라 움직이는 것이었다. 조직의 관심사는 온통 세일즈 기능을 지원하는 것이었고, 다른 기능들은 세일즈에 종속된 상황이다.

그렇기 때문에 세일즈 이외의 부서들을 다시 틀을 잡으려면 팀이나 부서로 통합 재편한 다음 새로운 관리자를 두고 관리해야 한다(그림 4-1). 그렇게 하면 운영상의 문제들을 단순화시킬 수 있다. 부차적으로 얻을 수 있는 혜택도 있다. 경영자는 지금까지 이곳저곳 뛰어다니느라 기진맥진했을 것이다. 그러나 이제는 여러 개의 작은 개별 부서들을 하나의 장소에서 통제할 수 있게 된다.

이제 전혀 새로워진 관리부서를 관리하기 위해 내부 인재나 외부 인재를 배치한다. 하지만 이 자리에 오르는 사람은 대부분 행성을 훌륭하게 관리했던 사람일 것이다. 아마도 끈기 있는 회계부서 관리자나 물류부서 관리자일 가능성이 크다.

이 관리자의 이름을 잭이라고 가정하자. 잭은 자신의 새로운 업무(거의 대부분은 세일즈 이외의 업무)에 대해 소개를 받는다. 그리고 문제를 해결할 수 있도록 필요한 업무 절차와 제도를 도입하라는 지시를 받는다. 문제가 파악되면 문제 해결을 위해 논리적인 순서대로 업무를 진행하면 된다. 즉, 재미 단계로 돌아가 세일즈와 성장동력을 회복하는 일이 주어진다.

그렇게 간단한 문제가 아니다

그러나 그렇지 않을 수도 있다. 비디오를 빨리 감아 9개월에서 12개월 후의 미래로 가보자. 시간 소용돌이의 안개 너머로 무엇이 보이는가? 바로 관리부 책임자인 잭이 보일 것이다. 그는 사무실에 앉아 굳은 얼굴로 컴퓨터 모니터를 응시하고 있다. 잭이 투덜거리는 모습이 보인다. 가까이에 있지 않아 뭐라고 말하는지 모르겠지만 기분이 좋지 않은 것만은 확실하다. 읽고 있는 이메일의 내용이 그를 언짢게 만든 모양이다. 자, 조금만 더 가까이 다가가 보자.

아! 역시 잭은 이메일을 읽고 있었다. 이메일을 보낸 사람은 영업부 부장인 메리이다. 그녀는 잭이 관리부 부장으로 발령이 난 시기에 영업부 부장으로 승진했다. 이메일의 수신인은 잭이지만 오너이자 사장인 프레드에게도 전달되었다. 잭은 얼마 전에 새로운 체계를 도입해 세일즈가 성사될 때마다 24시간 이내에 주문서를 복사해 구매부로 넘기도록 지시했다. 이에 대해 메리가 이메일을 통해 불평을 늘어놓았다. 화면에 뜬 내용이 잘 보이지는 않지만 가까이에서 살펴보니 몇몇 구절이 눈에 들어온다.

"문서 작업이 끝이 없군… 그냥 팔면 좀 어때… 사사건건 보고하라는 건가… 당신 부서가 아니라고 그러는 거야?… 그게 가능하겠어?… 당신네 일을 떠넘기려는 건가."

이제 잭이 답장을 보낼 차례다. 그는 수신자란에 모든 사람의 이름을 써 넣는다. 덤으로 수신목록에 몇 사람의 이름도 추가한다. 아, 비밀송신란에 한 사람 이름을 더한다. 뭐라고 쓰고 있는지 앞으로 다가가 보자.

"팀이라는 단어의 T자도 모르는 외골수 같으니라고… 다른 사람을 존중하지 않겠다는 건가… 당신이 보낸 서류는 조잡하고 제대로 작성도 되지 않아서 무슨 말인지 모르겠어. 어떻게 하라는 거야… 예전에 당신 부서가 저지른 일을 생각하면…."

문제가 좀 심각하다. 잭은 주저하고 있다. 이 이메일을 보낼 것인가 말 것인가?

세일즈 대 관리, 누가 이길 것인가

잭과 메리, 프레드는 급류의 힘을 이겨내려고 시도하다가 대부분의 회사들이 빠지는 함정에 빠지고 말았다. 이 함정은 '세일즈 대 관리'라는 이름의 소모전이다.

잭과 메리가 싸우는 것을 지켜보던 프레드는 두 사람의 성격 차이 때문이므로 큰 문제가 되지 않는다고 생각한다. 그러나 잭과 메리는 성격과는 상관없이 싸움에 말려들 수밖에 없는 운명이다. 이것은 1년 전 도입한 조직체계 때문이다. 심장과 콩팥 그림을 살펴보자.

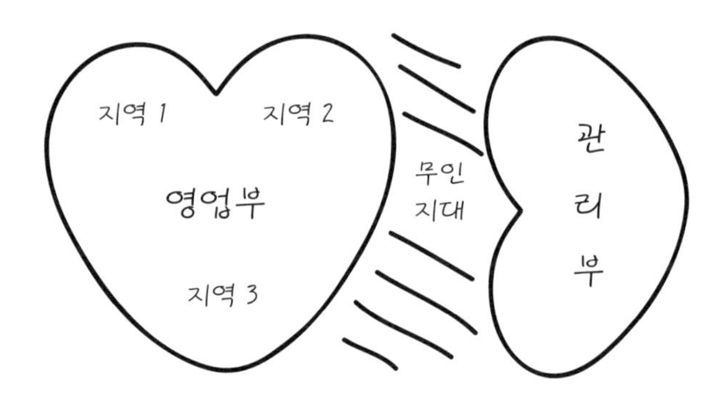

그림 4-2 무인지대

영업과 관리 사이에 있는 '무인지대'라는 틈새가 보이는가? 이 틈새에서 문제가 생겼다고 상상해보라. 고객 한 사람이 있다. 그는 세일즈맨이 약속한 상품을 애타게 기다린다. 이미 3주 전에 도착했어야 하니까 말이다. 다소 단순하고 특이할 것도 없는 이 문제는 누구의 잘못일까? 배송 날짜를 지킬 수 없도록 지나친 약속을 한 심장(영업)의 잘못일까? 아니면 제시간에 맞춰 배송해주지 못한 콩팥(관리)의 문제일까? 아니면 영업과 관리 둘 다 책임져야 할까?

> 영업부와 관리부는 무인지대에서 발생한 문제에 책임을 지려 하지 않는다. 그 이유에 대해 이 장에서 다 다룰 수 없어 다음에 설명한다. 여기서는 간략하게 핵심적인 원인을 살펴본다. 각각의 역할에 대한 생소함, 명확한 보고체계의 미흡, 충신의 영향 등이다.

정답은 '둘 다 책임이 없다'이다. 이 문제처럼 갈등에 휘말리게 하는 90%의 문제는 무인지대에서 발생한다. 이곳은 사람들에게 버려진 곳, 사랑받지 못하는 곳, 관심 밖의 곳으로 빠른 시일 내에 바뀔 수 없는 곳이다. 이곳에서는 아무도 책임을 떠맡지 않으려 하는데 어떻게 문제가 해결될 수 있겠는가?

충신들이 고개를 들다

이 시점에서는 이전 단계를 능가하는 불만, 긴장, 내부 갈등을 겪는다. 각 부서의 사람들은 비밀창고에 쪼그리고 앉아 점차 고립된 행동을 일삼으며 정보를 몰래 감추기도 한다. 그래서 문제는 점차 둘 사이의 공백으로 빠져든다. 정확히 말하면 회사의 새로운 구조 때문에 생긴 무인지대에 빠져든다. 이때 영업부와 관리부 사이에서는 불신과 의심이 깊어간다.

이러한 상황에서는 아무리 노력해도 두 부서가 협력적으로 기능하지 못한다. 최악의 경우 두 부서 사이에서 반목이 일어날 확률이 높다. 그런데 두 부서에는 큰 차이점이 있다. 바로 권력 핵심부에 얼마나 가깝게 접근할 수 있느냐이다. 기억하라. 영업부에서는 충신들이 활개를 치고 있다. 이들은 회사의 초기 시절에 충성심과 과감한 도전정신으로 회사를 일으키는 데 한 몫을 단단히 했던 슈퍼스타들이다. 이들은 회사의 신화와 전설의 중심에 서 있다. 또한 상당한 지분을 보유하고 있어 권력의 중심부에 서 있다.

반면 관리부는 새롭게 조직된 부서이다. 이 때문에 회사에 대해 이렇다 할 지분이 없다. 그래서 접근방식도 완전히 다르다. 이들도 공식적으로든 비공식적으로든 경영진을 만날 수는 있다. 그러나 높은 직책에 있더라도 경영진과 돈독한 관계를 맺고 유대를 형성할 시간은 부족하다. 그래서 의사결정 과정에 영향을 미치기가 어렵다.

다시 말해 영업부는 영업부 대 관리부가 갈등할 경우, 자신의 힘을 이용해 강력한 영향을 미칠 수 있다. 영업부 직원들은 이렇게 말한다. "절차와 제도 때문에 일이 엉망이 돼가는 것 좀 보세요." "문서 작업, 회의 참석 때문에 고객과 만날 시간조차 없어요." "예전엔 얼마나 쉬웠는지 기억이나 하세요? 그땐 수익도 대단했잖아요." "관리부 직원들이 뭘 알까요. 살면서 영업이라곤 해본 적도 없을 텐데."

충신들은 이때 어떻게 반응할까? 그들은 재미 단계로 돌아가고 싶어 한다. 더 정확히 말하면 영업이 중심이 되는 구조인 '큰 태양과 작은 행성들'의 구조로 돌아가고 싶어 한다. 영업부가 손가락 하나만 까딱해도 다른 부서들이 팔딱팔딱 뛰던 그 시절로 돌아가고 싶어 한다.

창업자의 딜레마

이제 경영자, 특히 창업자가 중요한 결정을 내려야 할 시점이 다가왔다. 이때가 되면 창업자는 영업부와 관리부의 갈등 때문에 슬슬 불안해지기 시작한다. 왜냐하면 직원들은 의무를 다해야 할 상황이지만 주도적으로 일해야 할 상황이 되어도 소극적인 태도를 보이기 때문이다. 게다가 충신들이 영향력을 행사함으로써 직원들의 불만도 커져간다. 불안감 때문에 좌절감을 느낀 경영자는 심장과 콩팥 체계를 뒤엎고 영업부를 중심에 둔 태양과 행성 구조로 다시 돌아가고 싶어 한다. 즉, 재미 단계로 되돌아가고 싶어 한다.

"옛날에는 참 좋았는데 지금은 상황은 그렇질 않군. 다시 예전으로 돌아가야겠어."

경영자가 이렇게 흔들리면서 옛날로 돌아가고 싶어 하는 것은 당연한 일이다. 경영자들은 이러한 상황에서 재미 단계로 되돌아가고 싶고, 또한 실제로 많은 경영자들이 그런 고민에 빠진다. 해결책이 뚜렷하지 않고 현재 상황이 너무 고통스럽기 때문이다. 영업부와 관리부 직원들의 갈등을 멀리서 지켜보자니 마음은 계속 불편하다. 터널 저 끝 너머로 불빛이 보이지 않는 이들의 반목은 끝날 기미가 없다.

경영자는 급류 단계에서 일어나는 이러한 문제들이 자신의 능력 부족 때문이 아닌가 하고 심각하게 고민한다. 즉, 회사 규모에 걸맞는 경영 자질이 자신에게 있는지 고민하는 것이다.

이때 많은 경영자들이 택하는 가장 쉬운 방법이 있다. 즉, 이전 단계로 되돌아가 변화를 거스르고 요술램프 속으로 지니를 다시 돌려보내는 것이다. 영업부가 중심이 되는 재미 단계로 돌아가는 것이다. 그러면 관리부는 해체되거나 작은 팀으로 축소되고, 각 부서는 개별적으로 운영되고, 영업부는 다시 막강한 권한을 찾는다.

모든 것이 잘 돼가는 것처럼 보인다. 잠시 동안은…. 하지만 이내 다시 갈등이 시작된다. 상품 배송이 늦어지고 재고도 바닥이 나서 고객 불만이 쌓인다.

문제는 바로 여기에 있다. 회사가 일을 쉽게 처리하기 위해 재미 단계로 되돌아가면 영업부는 잠깐 동안 번성하는 것처럼 보인다. 회사도 다시 성장을 회복하는 것처럼 보인다. 그러나 이내 복잡함이 슬그머니 머리를 내밀고 이전의 문제들이 되풀이되기 시작한다. 급류가 또 다시 찾아온 것이다. 경영자는 이번에는 문제를 다른 방법으로 처리하려고 한다. 이제 경험도 있고 요령도 생겨서 더 유능한 사람을 뽑아 절차를 더 치밀하게 관리하려 한다. 그러나 결과는 달라지지 않는다. 영업부와 관리부의 갈등은 다시 시작되고, 이들은 능력 미달이라는 비밀의 방으로 모여든다.

간혹 회사는 급류와 재미 단계를 왔다갔다하면서 이 과정을 반복한다. 이들은 매번 다른 방식의 제도와 절차를 도입해 성장에 따르는 복잡한 일들을 다루려 한다. 그러나 매번 같은 문제에 직면하고, 매번 비협조적인 태도에 직면하면서 또 다시 급류 단계와 마주친다.

마침내 일부 경영자는 급류와의 싸움을 완전히 멈추기로 결심한다. 그러면서 재미 단계에 철저히 머무르기 위해 성장을 무기한 보류한다. 급류를 다시 부를지도 모르고, 그 너머에 있는 수익과 경영 단계는 쳐다보지도 않는다. 우리는 이때의 선택을 '창업자의 딜레마'라 부른다. 많은 훌륭한 기업과 성공을 눈앞에 둔 작은 기업들이 이 창업자의 딜레마에 빠진다. 그러나 이 과정을 제대로 넘기기만 하면 이들은 영원히 재미 단계의 즐거움을 누릴 수 있다.

급류에서 빠져나오려면

만약 창업자나 경영자가 성장을 포기하지 않고 계속 추구한다면 어떻게 될까? 이들은 기약 없는 급류의 부작용을 겪어야 할까? 결코 그렇지 않다. 많은 조직들이 급류에서 빠져나와 예측가능한 성공의 단계로 진입했다. 이때 우리가 알고 싶은 것이 있다. 급류에서 빠져나올 수 있었던 바로 그 비결은 무엇일까?

그 해답은 이미 우리가 다뤘던 내용과 함께 제대로 된 조직구조를 구축하는 것에 있다. 즉, 성공을 위한 기초적인 발판을 마련하는 것이다. 이는 직원들이 제대로 된 틀 안에서 일할 수 있도록 올바른 체계를 만들어 제공하는 것을 말한다.

더 자세히 말하면, 기업이 급류에서 빠져나와 예측가능한 성공 단계로 올라가기 위해 필요한 조직구조란, 영업부와 관리부 사이에 벌어져 있던 틈을 메운 구조를 말한다. 즉, [그림 4-3]과 같은 구조이다. 나는 이 구조를 '포수의 글러브'라고 부른다.

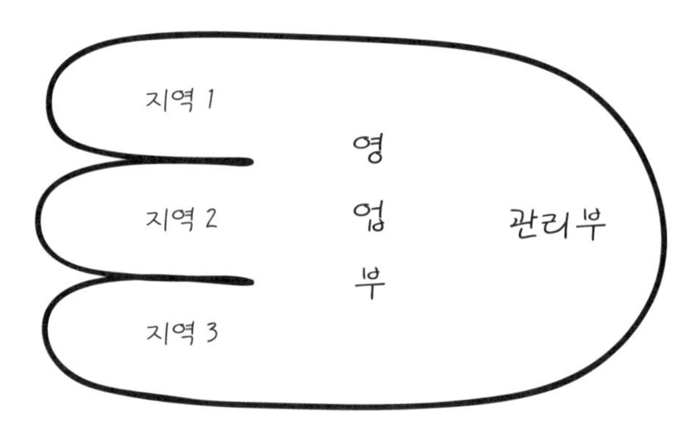

그림 4-3 포수의 글러브

'포수의 글러브' 구조는 영업부와 관리부 사이에 물리적 공간을 두고 떨어져 있는 두 섬과 같은 구조가 아니다. 두 부서는 기능상으로는 분리되어 있지만 연결된 상태가 된다. 이 구조는 조직에 2가지의 장점을 가져다준다.

· 회사의 쟁점이나 문제가 두 부서의 틈 사이로 떨어지지 않는다. 이 구조 안에서는 모든 문제를 어디서든 다룰 수 있다.
· 조직 내의 모든 부서들은 다른 부서의 일을 상세히 알 수 있다. 그래서 각 부서 내에 고립된 비밀 공간을 만들 수 없다.

급류에서 빠져나오려면 심장과 콩팥 구조에서 포수의 글러브 구조로 바꿔야 한다. 이렇게 하려면 일련의 명확한 단계로 구성된 특정 절차를 따라야 한다(이에 대해서는 9장에서 설명한다).

그렇다면 이러한 의문이 생길 것이다. 경영자가 자신의 기업이 급류 단계에 도달했다는 것을 안다면, 심장과 콩팥 단계를 지나쳐 곧바로 포수의 글러브 구조로 갈 수도 있지 않을까?

이론상으로는 가능하다. 회사가 부서 간의 신경전을 철저히 피할 수만 있다면 그렇게 하는 편이 더 좋다. 그러나 현실은 이보다 훨씬 더 복잡하다. 심장과 콩팥 단계를 피할 수 없는 이유는 다음과 같다.

1. 심장과 콩팥 구조는 체계를 단순화하고 업무의 명료성을 높이기 때문에 기업이 매력적으로 느끼는 단계이다.
2. 급류 단계에 도달한 경영자들은 비교적 경험이 부족하다. 이들은 이 과정을 지나면서 변화가 가져오는 영향에 대해 배운다. 급류 단계에 처음 직면하는 경영자들은 경험이 부족하기 때문에 심장과 콩팥 구조로 인해 일어날 수 있는 문제를 알지 못한다.

3. 심장과 콩팥 구조로 바꾸는 그 자체도 엄청난 변화이다. 그렇기 때문에 재미 단계를 벗어나 포수의 글러브 구조로 바로 건너뛰는 것은 경영자에게 상상하기 어려운 일이다.
4. 경영자는 포수의 글러브 구조가 제대로 작동되는 데 필요한 자질을 갖추고 있지 않은 상태이다. 특히 업무를 공유하는 문제나 다른 부서들과 협력관계를 구축할 때 많은 어려움을 겪는다. 아이러니하게도 경영자는 심장과 콩팥 단계의 문제와 사투를 벌이는 동안 포수의 글러브 구조에 필요한 근육을 만든다.

갈등과 균열을 극복해야

경영자의 이야기는 이쯤 하기로 하고 이제 직원들에 대해 생각해보자. 급류 단계에서 조직을 위해 일하는 것은 조직이 겪는 모든 단계 중에서 가장 험난한 단계이기도 하다. 심지어 소멸 단계보다 훨씬 더 험난하다. 매일매일 스트레스가 쌓이고 조직은 제대로 돌아가지 않는다. 회사는 정체성을 잃은 듯 보이고 어디로 가야 할지 갈피를 못 잡는다. 그래서 경영자는 자꾸 게임의 규칙을 바꾸려 시도한다. 한 달이 지나면 새로운 슬로건, 새로운 흐름, 새로운 규칙을 내놓는다. 이들은 단 한번도 좋은 적이 없다고 생각하면서 일에 대한 만족을 거의 얻지 못한다. 자신이 하는 일이 회사의 성공을 위해 어떤 기여를 하는지 전혀 느끼지 못한다.

기업은 급류 단계에서 처음으로 직원들의 대규모 이직을 경험한다. 영업부와 관리부 사이에서는 '우리 아니면 남'이라는 태도가 만연하고, 충성도는 높지만 애초에 영업부 소속 직원이 아니라서 떠나거나 쫓겨나는 사람들이 생겨난다. 그러면 경영자는 업무 절차와 제도를 정착시키기 위해, 떠난 사람들의 빈자리를 채우기 위해 더 큰 조직에서 일했던 사람들을 채용한다. 이렇게 채용된 사람들은 '충성스럽지만 시대에 뒤떨어진 기존 직원들'보다 절차와 제도에 따라 일하는 것에 더 익숙할 뿐 아니라 그런 업무 방식을 선호한다.

그 결과 기업은 두 번째 국면에 접어든다. 영업부 대 관리부의 갈등뿐 아니라 기존 직원들과 새로운 직원들 사이에 균열이 생긴다. 기존 직원들은 "이제 더 이상 예전과 같지 않아"라고 불평하며, 옛날이야기를 하기 시작한다. 반면 새로운 직원들은 자신의 입장에서 그들을 바라본다. 즉, 기존 직원들을 구석기시대의 공룡처럼 바라본다. 그러면서 자신이 이 회사를 구하러 올 때까지 도대체 어떻게 굴러갔는지 의아해 한다.

이렇게 직원들의 사기는 심각할 정도로 떨어진다. 재미 단계에서 얻을 수 있던 충성스러운 직원도, 가족과 같은 분위기도, 수완 좋은 직원도, 유연한 기업문화도 무너져 간다. 경영자도 점차 모습을 드러내기를 꺼린다. 심각해진 문제에 대면하기보다는 집무실에 꽁꽁 틀어박힌다.

Summary

- 급류는 모든 기업이 성장하는 과정에서 생존싸움과 재미 단계 후에 세 번째로 찾아오는 단계이다.
- 급류는 재미 단계가 성공적으로 진행될 때 자연스럽게 찾아온다.
- 급류 단계를 맞이하는 주요 원인은 성장에서 비롯되는 복잡성 때문이다.
- 급류 단계는 이전에 없었던 다양한 문제와 예측 불가능한 상황이 늘어나는 것으로 확인할 수 있다.
- 경영자는 급류 단계에 도달했다는 것을 거의 인식하지 못한다. 문제와 예측 불가능한 상황이 단지 '도로 위에 있는 방지턱' 같은 것이라고 생각한다.
- 경영자는 급류를 극복하기 위해 '심장과 콩팥'이라는 조직구조를 갖춘다.
- 그러나 이러한 구조 때문에 상황은 더 심각해지고 '무인지대'에서 영업부와 관리부서의 갈등이 심화된다.
- 일부 창업자는 재미 단계로 되돌아가기로 결심한다.
- 일부 회사는 재미와 급류 단계를 오락가락한다.
- 급류에서 빠져나오는 유일한 방법은 기업구조를 '포수의 글러브' 구조로 바꾸는 것이다.
- 급류 단계에서는 세일즈에서 수익성으로 초점이 맞춰진다.
- 이 단계에서는 엄청난 스트레스가 수반되어 직원들의 이직률이 급격히 높아진다.

5장

예측가능한 성공

완벽한 균형을 잡아 성공하고, 배워라

"기업도 엑셀을 밟으면 앞으로 나아간다." – 제프리 이멜트

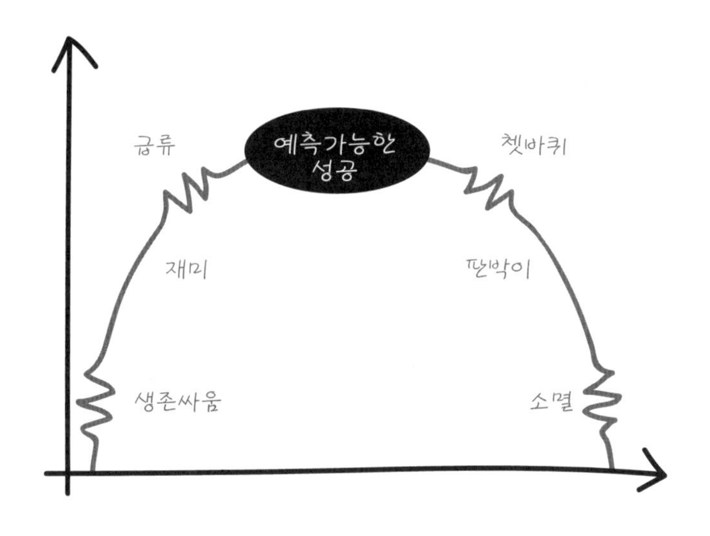

정말 엄청난 광경이었다.

그곳의 크기는 축구장 2개 만했다. 나는 창고 안에 서서 추운 날씨

때문에 꽁꽁 얼어붙은 발이 녹기만을 기다렸다. 내 왼편의 작업대 위에는 예닐곱 개의 큰 나무판자가 쌓여 있었다. 그리고 내 옆에 이안이 서 있었다. 그는 나를 초대한 사람이자 이 회사의 창업자 겸 오너였다. 190cm의 키에 편안하고 여유로운 미소를 가진 그는 즐거워 보였다.

이안은 작업대 옆에 부착된 커버가 씌워진 키보드로 다가갔다. 그는 키보드를 두드린 후 물러서서 마치 시합에 나간 자식을 바라보는 것 마냥 자랑스럽게 지켜보았다. 슝, 하는 기계음이 들리는가 싶더니 맨 위에 있던 나무판자가 작업대 위로 내려왔다. 작업이 이뤄지는 곳은 투명한 보호막으로 가려져 있었다.

스크린 뒤로 4개의 로봇 팔이 나타났다. 마치 '스타와 함께 춤을'이라는 프로그램을 보는 듯했다. 로봇 팔은 활기차게 판자를 들어올려 돌리고, 자르고, 그 위에 모양을 새긴 다음 다시 원래 위치로 사뿐히 내려놓았다. 아직 작업이 끝나지 않았지만 화려한 장식의 현관문을 가공한다는 것 정도는 확실히 알 수 있었다.

이 로봇은 쌓아올린 나무판자에 쉴새없이 작업을 했다. 현관문 하나를 완성하는 데 7분이 채 걸리지 않았다. 모든 문은 조금 전에 완성된 문에 새겨진 문양과 완전히 일치했다. 이안은 눈썹을 치켜세우면서 "이 정도는 아무것도 아냐"라는 표정을 지었다. 그가 작업실 뒤로 따라오라고 했다. "저것 좀 보세요." 이안이 말했다. 그는 로봇이 한쪽에 쌓아둔 목재 잔해를 가리켰다.

무엇을 보라는 것인지 정확히 알 수 없었다. 그가 가리킨 것은 작업장에서 가장 값어치 없어 보이는 것들이었다. "나무 조각들이네요. 음…, 잘 쌓여져 있네요." 나는 더 이상 무슨 말을 해야 할지 알 수 없었다.

"아니에요. 중요한 건 이게 찌꺼기가 아니라는 겁니다." 그는 왼쪽을 가리켰다. 쓰레기통 안에 있는 작은 양의 나무 가루, 파편, 부스러기가 보였다. "찌꺼기는 저기에 있어요." 그가 다시 큰 나무 잔해를 가리켰다. "여기에 쌓아둔 것은 문틀을 만들 때 구조물로 사용할 완성품입니다. 로봇에는 문과 문틀을 만들 때 필요한 규격이 프로그램되어 있죠. 그렇기 때문에 원자재의 개별 조각들을 스캔해서 사용가능한 조각을 최대한 많이 찾아내도록 절단 형태를 계산하죠. 때론 한 개의 목재를 이용해서 현관문 하나와 8,9개의 부품을 추가로 만들기도 합니다. 예전에는 나무 찌꺼기 폐기물이 25%나 됐었죠. 지금은 한 자리 수로 확 줄었어요."

그는 다시 느긋한 미소를 지었다. 나는 이것이 폐자재를 줄이는 것 이상의 큰 의미가 있다는 것을 직감적으로 알았다. 이는 이안이 회사를 어떻게 바꿀 수 있었는지 보여주는 상징적인 사례였다. 로봇은 정교하고 기품 있고 의지할 수 있고, 게다가 놀라운 효율을 갖고 있었다. 또한 회사의 회생을 웅변해주고 있었다.

이안의 회사는 4년 넘게 고통을 견뎌낸 후에 비로소 급류에서 예측가능한 성공 단계로 올라갈 수 있었다. 얼마 전까지만 해도 효율이나 수익성, 성장이라는 말은 상상조차 하기 어려웠다.

그곳은 중환자실이나 다름없었다

우리는 도색 작업과 마무리 작업을 하기 위해 새롭게 도입한 공정을 보려고 다른 작업실로 이동했다. 작은 창문 너머로 눈으로 뒤덮인 주차장이 보였다. 공장이 미시건 주에 있어서 주변의 호수 때문인지 눈이 높게 쌓였다. 지난 4년 이상 자주 이러한 일이 있었고 나의 여행 계획도 엉망이 될 가능성도 높았다.

하지만 나는 개의치 않았다. 4년 동안 이안은 내 고객이자 친구였다. 우리는 함께 시간을 보내는 것만으로도 좋았다. 함께 이탈리아 식당에 가서 즐겁게 식사를 하면 그만이었다.

우리도 처음부터 진심어린 관계로 만난 것은 아니었다. 내가 이안을 처음 만났을 때 그의 회사는 급류 깊숙한 곳에 빠져 허우적거리고 있었다. 그는 엄청난 스트레스를 이겨내면서 근근이 살아가는 중이었다. 그를 처음 만나던 날, 말 그대로 서류에 파묻혀 있었고 직원들에게 시달리고 있었다. 나중에야 알게 됐지만 이안의 느긋한 태도와 유머도 그땐 결코 찾아볼 수 없었다.

이안은 내가 기다리는 중에도 컴퓨터에서 거의 눈을 떼지 않았다. "나는 기적적인 방법이 있다는 걸 믿지 않습니다." 그가 날카롭게 말을 꺼냈다. 시작이 좋았다. "나도 그렇게 생각해요." 내가 맞장구를 쳤다. 이안은 내게 의자에 앉으라고 권했다. "하지만 저는 중환자를 살리기 위한 집중치료법의 효과를 믿습니다. 내 생각엔 이 회사에도 그런 치료법이 필요해 보이는군요." 이안이 나를 유심히 보았다. 희미한 웃음을 머금고 있었다. "좋습니다. 의사 양반." 그는 비꼬는 투로 말을 내뱉었다. "구체적으로 말씀해 보세요. 그 집중치료법이라는걸."

이안의 어깨 너머로 컴퓨터 화면이 보였다. 이메일이 띄워져 있었지만 거의 읽지 않은 이메일들이었다. "당신의 회사에 대해 더 알 필요가 있어요. 몇 가지만 질문해도 될까요?" 나는 노란색 수첩을 꺼냈다.

그날 아침 이야기를 나누는 동안 읽지 않은 이메일의 수가 늘어나면서 핑, 핑 하는 소리가 들렸다. 이안은 문과 창문을 제조하는 자신의 회사에 대해 이야기해주었다. 말하는 도중에도 핑, 핑, 핑 하는 낮고 작은 소리들이 계속 들려왔다. 마치 심장박동기 소리 같았다. 어서 빨리 급류에서 헤어나올 방법을 알려주라고 강요하는 것 같았다.

이안은 이미 익숙한 이야기들을 들려주었다. 그는 업계가 포화 상태일 때 회사를 설립했다. 고객을 확보하기 위해 초창기 몇 년을 열심히 뛴 결과 병원 고객을 확보할 수 있었다. 덕분에 회사는 빠르게 성장했다. 그 후 공장을 새롭게 확장하고 생산라인을 가동하는 시간도 연장했다. 그렇게 만든 제품을 팔고 팔고 또 팔았다.

그러던 어느 날 피할 수 없는 급류가 찾아왔다. 투자자 한 사람의 노크 소리에 이안은 눈을 떴다. 수익은 줄고 현금흐름도 원활하지 않다는 지적이었다. 이밖에도 제품의 질이나 배송시간 등의 문제로 고객들이 다른 기업으로 떠나가고 있다는 것이었다. 이보다 더 큰 문제는 회사가 생존싸움과 재미 단계를 지날 수 있도록 시종일관 일에 적극적이고 의욕이 충만하던 부서가 붕괴되자 핵심 직원들이 회사를 떠나고 있었다.

"매일 하는 생각은…" 이안은 감정이 북받쳐 오르고 있었다. "하는 일에서 더 이상 자부심을 느낄 수 없다는 거예요." 그가 자리에서 일어났다. "따라 오세요." 사무실 옆문을 열어 공장을 가리켰다. "저기를 보세요." 그는 길고 낮은 테이블을 가리켰다. 20~25명 가량의 종업원들이 대형 나무판자 주위에 모여 있었다. 나무 조각들 때문에 사람들의 몸체는 보이지 않았다. 머리를 보고 인원수를 짐작했다. "저기 바닥에 쌓여 있는 목재 잔해들을 보십시오. 저게 다 쓸모없는 것들입니다. 저것 때문에 수익이 날아가고 있어요."

이안은 문을 닫고 다시 책상으로 돌아왔다. 그는 핵심 직원들이 빠져나간 후 얼마나 큰 상실감을 느꼈는지, 그들이 수주해오던 일들이 어느 정도인지를 설명했다. 그리고 지금은 회사가 직면한 혼란 때문에 손해를 봐가면서 제품을 제작하고 있다고 말했다. 제조 공정에서 손해가 나는 가장 큰 이유는 나무 조각 때문이었다.

그는 내 질문에 정중하게 대답했지만 여전히 회의적인 태도로 대답을 마쳤다. 이제 내가 말할 차례가 되었다. 나는 모든 기업들이 라이프사이클에서 겪는 각 단계를 설명했다. 그런 다음 생존싸움, 재미, 급류 단계로 돌아가 더 자세히 설명해주었다. 이야기를 하는 동안 그는 자신의 경험을 떠올리면서 간혹 고개를 끄덕이더니 나중에는 더 자주 끄떡였다. 그러다가 결국 수첩을 갖고 와서 받아쓰기 시작했다.

마지막으로 나는 기업이 급류 단계에서 예측가능한 성공 단계로 뛰어넘는 것의 의미를 간략히 설명했다. 그리고 희망적인 소식을 전해주었다. "회사가 무너지고 있다고 생각하기 때문에 잘 믿어지지 않을 거예요. 사실을 말씀드릴게요. 만약 당신이 이 급류 단계에서 올바르게 대처하기만 하면 큰 성과를 얻게 됩니다. 예측가능한 성공은 이제 한 단계밖에 남지 않았거든요."

그는 자신이 기록한 내용을 읽어보았다. "만약 잘못 대처하면 영원히 급류 단계에서 왔다갔다할 수도 있다는 말이죠?" 나는 고개를 끄덕였다. 그는 이해가 빨랐다. 새로운 이메일이 도착했다는 작은 핑 소리가 또 들려왔다. "이제 상황을 정상으로 돌려놓고 싶다는 의욕이 생기네요. 예측가능한 성공 단계로 올라가고 싶습니다. 어떻게 해야 하나요?"

그는 비로소 깊이 있는 대화를 시작했다. 그는 미래를 보았고 그것을 성취하기를 원했다. "설명하자면 시간이 좀 걸려요. 더구나 점심시간이 다 돼가는데 말이죠."

이안이 시계를 쳐다봤다. "이탈리아 음식은 어때요?"

예측가능한 성공이란

예측가능한 성공은 생존싸움, 재미, 급류 단계 이후에 찾아오는 네 번째 단계이다. 급류에서 예측가능한 성공으로 올라가기 위해서는 성장 후의 복잡성을 효과적으로 다루는 데 필요한 업무 절차와 제도를 도입하고 유지해 나가야 한다. 동시에 회사를 성장세로 올려놓은 기업가적 열정과 창의력, 위험부담 능력을 균형 있게 유지해야 한다.

예측가능한 성공 단계의 기업이란, 목표를 설정하고 그 목표를 끊임없이 성취해 나가는 기업을 말한다. 사실 이 단계에서만큼 조직의 운명을 좌우할 수 있는 단계는 없다. 예측가능한 성공 단계에 도달했다는 것은 의사결정이 극히 자율적으로 이뤄진다는 것을 의미한다.

물론 이것이 실수가 없는 완벽한 상태에 도달했다는 것을 의미하지는 않는다. 다른 복잡한 단계들과 마찬가지로 예측가능한 성공 단계에 있다 해도 완벽한 것은 아니다. 여전히 실수할 것이고 장애물에 부딪힐 것이다. 다른 모든 조직들이 그러하듯 통제하기 어려운 외부의 영향을 받기도 한다. 다만 이 단계에 있는 기업이 어려움에 직면했을 때 어떻게 대처하느냐가 중요할 뿐이다.

이 단계에 있는 기업들은 내외적 문제를 겪으면 특별한 방식으로 대처한다. 성숙한 자세로 문제의 파급효과를 평가한 다음 최적의 대응 방안을 마련한다. 이들은 과도하지 않은 해결책을 실행한 후 초점을 근본적인 우선순위와 목표로 신속히 돌려놓는다.

성공은 물처럼 흐른다

문제와 장애물에 대해 극적인 해결책을 피하고 집중력을 갖고 대처하는 태도는 예측가능한 성공 단계에 있는 기업이라는 것을 나타내는 표상이다. 경영자는 역량이 불필요하게 분산되는 것을 피하며, 위기에 대처할 상황 자체를 거의 만들지 않으며, 문제를 과도하지 않게 축소지향적으로 해결한 다음 다시 안정을 찾는다.

생산성 전문가인 데이빗 알렌은 이를 '물과 같은 행동'이라고 표현했다. 즉, 바다나 연못에 돌멩이를 던지면 떨어진 돌멩이 만큼만 반응한다. 그 이상도 그 이하도 아니다. 물은 돌을 던진 사람의 목적에는 관심이 없다. 따라서 돌멩이가 던져졌을 때 물은 과도하게 반응하지 않는다. 물은 물리학의 법칙만큼만 반응한다. 즉, 돌멩이는 물결을 일으키면서 물속으로 가라앉고 물은 다시 이전 상태로 돌아간다.

예측가능한 성공 단계에 있는 기업도 쟁점이나 문제에 그렇게 반응한다. 이들은 필요 이상 혹은 필요 이하로 반응하지 않는다. 필요한 만큼의 충격만을 분산시킨 후 신속히 균형 상태로 되돌아간다.

기업에 있어 예측가능한 성공은 가장 안정감을 누릴 수 있는 단계이다. 이 단계에 있는 기업은 정체성과 목적에 대해서도 확신을 갖는다. 운동선수가 1위를 하고 있을 때와 마찬가지로 자신감을 갖고 비즈니스를 실행한다. 또한 심리학 전문가인 미하이 칙센트미하이 교수가 '몰입'이라 부르는 것을 보여준다. 즉, 즐거움, 창의력, 정교함 등 뛰어난 결과의 원인이 되는 모든 것의 집합을 보여준다.

이론적으로는 기업이 예측가능한 성공 단계에 도달하면, 그리고 물과 같은 상태를 유지할 수 있다면 거기에 머물러 있지 말아야 할 이유가 없다. 이 단계에서는 몰입이 가능하므로 영원히 훌륭한 결과를 만들어내면 되기 때문이다. 실제로 많은 기업들이 이 단계에 오랫동안 머문다. 그러나 경험으로 볼 때 절차와 제도에 과도하게 의존하거나 통제력을 잃으면 다시 급류 단계로 미끄러지는 경우가 발생한다.

창조력과 기업가정신을 유지하라

회사가 이러한 상태에 빠지는 이유는 예측가능한 성공 단계에 머무른다는 것이 말처럼 쉽지 않기 때문이다. 이 단계에서 회사가 보여주는 몰입은 사실 쉽게 얻을 수 있는 것이 아니다. 즉, 예측가능한 성공 단계에 있다는 것은 표면적으로는 쉬워 보일지 모르지만 그 이면에 훨씬 더 복잡한 문제들이 감춰져 있기 때문이다. 외부인에게는 이 단계에 있는 회사의 경영이 한 발 앞서 있는 것처럼 보일 수도 있다. 그러나 실제로 걷기 위해서는 몸의 보이지 않는 곳에서 많은 부분이 움직여야 하는 것처럼 회사도 마찬가지이다.

예측가능한 성공 단계의 핵심 특징은 항상 존재하고 변화하는 긴장감이라고 할 수 있다. 이 긴장감은 상반되지만 동등하게 필요한 두 종류의 힘이 적절한 균형을 이루는 것을 의미한다. 한편으로는 기업에 비전을 제시하는 기업가적 정신과 창조력, 추진력, 독창성이 있어야 하고, 다른 한편으로는 수익성과 규모의 가변성, 일관성이라는 정확하고 현실적인 절차와 제도가 유지되어야 한다.

예측가능한 성공 단계에 머물기를 원한다면 두 종류의 힘이 적절하게 균형을 이루고 유지되어야 한다. 창조력이나 기업가적 정신이 우세해 업무 절차나 제도를 소홀히 하면 다시 급류 단계로 미끄러진다. 반대로 절차나 제도의 힘이 우세해 창의력이 떨어지고 위험감수를 꺼리면 쳇바퀴 단계로 진입한다.

경영자가 이러한 긴장감을 균형 상태로 유지한다는 것은 요트를 조종하는 일과도 같다. 조수나 풍향 때문에 목표 지점을 향해 키를 설정해 둔 채 뒤로 물러나 경관을 즐기고만 있을 수 없는 일이다. 목표지점에 도착하려면 계속 키를 이쪽저쪽으로 조정해야 한다. 마찬가지로 예측가능한 성공 단계에 머물기 위해서는 기업가정신과 절차의 정확성 사이의 불균형을 바로잡아가는 적절한 조정이 필요하다.

예측가능한 성공 단계에서는 현상 유지라는 개념은 없어진다. 어떤 경우라도 뛰어난 성과를 올린 다음 긴장을 늦추거나 영광 속에 안주하려고 하면 성공을 유지할 수 없게 하는 치명적 결과를 초래한다. 하루도 빠짐없이 시장 환경이나 공급 환경, 관련 법안, 기술, 인재 그 밖의 모든 요인들은 변한다. 때로는 매시간마다 변하기도 한다. 기업은 이들 변화에 대해 독창성과 체계 사이에서, 비전과 절차 사이에서 복잡하고 세밀한 균형을 이루도록 지속적으로 조정하고 또 조정해야 한다(더 자세한 내용은 제11장에서 다룬다).

예측가능한 성공 단계의 이점

예측가능한 성공 단계에 오른 기업들은 여러 가지 혜택을 얻는데 주요 이점은 4가지로 간추릴 수 있다.

1. 의사결정이 비교적 쉬워진다.
2. 의사결정과 실행이 긴밀해진다.
3. 부서 간 협력이 효과적으로 이뤄진다.
4. 수익성과 성장에 동등하게 초점이 맞춰진다.

위의 4가지 이점이 함께 전개되면 기업은 다음과 같은 엄청난 경쟁력을 갖춘다.

5. 성공 방법에 대해 직관적, 경험적 노하우를 쌓는다.

그렇다면 위의 것들을 차례대로 상세하게 살펴보자.

1. 의사결정이 비교적 쉬워진다

급류 단계의 의사결정은 혼란스럽고 효율적이지 못하다. 쳇바퀴 단계에서의 의사결정도 불안정하기는 마찬가지로 효과적이지 못하다. 그러나 예측가능한 성공 단계에서는 적절한 시기에 비교적 쉽게 의사결정이 이뤄진다.

이러한 긍정적인 의사결정은 자료에 대한 정확한 이해와 분석을 통해 이뤄진다. 이때 경영자의 명확한 역할과 책임, 다른 부서와의 긴밀한 교류 · 협력 능력의 향상, 의사결정에 대한 독립성이라는 3박자가 잘 맞아 떨어져야 한다. 이 3가지가 제대로 기능하면 회사의 조직도는 목표한 바대로 의사결정 기관으로서 작동한다. 급류 단계에서는 회사 조직도가 구성되어 있더라도 명확하지 않고 모호하다. 쳇바퀴 단계에서는 전적으로 지배층 위주로 구성된다.

2. 의사결정과 실행이 긴밀해진다

비즈니스에서 결과를 내기 위해서는 두 단계를 거쳐야 한다. 첫 번째는 실행할 일을 올바르게 결정하는 것이고, 두 번째는 결정된 사안을 효과적으로 실행하는 것이다.

급류 단계에서는 계획과 실제 결과 사이에 큰 차이가 난다. 경영자는 이미 재미 단계를 거치면서 '문제는 한방에 해결해야 한다'는 욕심을 갖게 된 후다. 그래서 예산이나 비전은 대체로 굵직하거나 감당하기 어렵거나 대담한 목표들로 채워진다. 문제는 이 목표들에 세부적인 실행 계획이 포함되어 있지 않다는 점이다. 그래서 종종 목표들과는 상관이 없는 결과들이 나타난다.

반대로 이상하게도 쳇바퀴 단계에서는 계획과 결과 사이에 차이가 거의 나지 않는다. 예산 집행은 전혀 문제가 없이 매끄럽게 진행되고, 직원들은 교묘하게 꾸미는 것에 익숙해지고, 매일 매주 매달 보고서를 작성한다. 이는 의사결정과 실행의 결과가 똑같아 보이도록 지속적인 조작이 이뤄진다는 것을 의미한다. 자료가 실제로 의미하는 경향을 교묘히 감추면서 말이다.

예측가능한 성공에서는 예측, 예산 집행, 계획에 대한 의사결정이 실행과 긴밀하게 연결된다. 회사 조직도 또한 의사 결정권자와 실행자가 최대한 가까이 있도록 구성된다. 그 결과 대표자들에 의한 성실한 의사결정이 이뤄지고 이로 인해 직원들의 권한도 높아진다. 시의적절하고 정확한 목표설정에 대해 효과적이고 효율적인 실행이 따른다. 그 결과 조직의 평가구조가 적절하고 객관적이고 정확해진다. 또한 예상되는 결과에 비추어 계획을 규칙적이고 일관되게 검토한 후, 필요할 경우 상향 조정이나 하향 조정을 한다.

3. 부서 간 협력이 효과적으로 이뤄진다

예측가능한 성공 단계의 기업에서 부서 간 협력이 잘 이뤄지는 모습을 살펴보자. 아마도 마치 잘 훈련된 계주 선수들이 다음 선수에게 바턴을 넘겨주는 장면이 연상될 것이다. 이들은 빠른 속도로 뒤를 돌아보지 않고도 물 흐르듯이 다음 주자에게 바턴을 넘기고 또 다음 사람에게 넘긴다.

급류 단계에서는 바턴이 계속 영업부와 관리부 사이의 무인지대에서 떨어진다(그림 4-2). 쳇바퀴 단계에서는 방어적이고 고립된 비밀공간이 효과적인 교류를 막는 장벽이 된다. 반면 예측가능한 성공 단계에서는 바턴이 기업 전체로 잘 전달된다. 연구 개발부서에서 마케팅부서로, 마케팅 부서에서 영업부로, 영업부에서 배송부로, 배송부에서 서비스부로 서툴지 않게 잘 전달된다. 이 과정을 통해 고객의 만족도와 직원의 참여도가 높아진다. 그 결과 평균 이상의 수익을 내게 되며 비효율성으로 인한 손실은 최소화된다.

4. 수익성과 성장에 대해 동등하게 초점이 맞춰진다

재미 단계에서 기업은 매출 성장에 최대한 초점을 맞추고, 급류 단계에서는 수익성 회복에 치중한다. 쳇바퀴 단계에서는 기업가적 정신을 잃기 시작한다. 이 단계가 되면 경영자는 투자 대비 수익에만 초점을 맞춘다. 경영자는 드러내지는 않지만 "성장을 위해 더 이상 어떻게 해야 할지 모르겠으니 최대한 비용을 줄여야겠다"는 태도를 취한다.

반면 예측가능한 성공 단계에서는 성장과 동시에 수익성까지 확보하는 방법을 배운다. 자리가 잡힌 절차와 제도 덕분에 수익성을 악화시키는 복잡성과 비효율을 겪지 않으면서 성장을 지속해가는 것이다. 이들에게는 여전히 기업가적 열정과 비전이 있기 때문에 뛰어난 매출과 수익성을 동시에 달성할 수 있다. 제한적인 전략이나 일시적인 전략이 아니라면 성장에서든 매출에서든 다른 대가를 지불하지 않아도 된다.

5. 성공하는 방법에 대한 노하우를 알게 된다

예측가능한 성공의 초기 단계에서 앞서 언급한 4가지의 이점이 작용하기 시작하면 어떻게 될까. 기업은 의도하지 않았던 새로운 무언가를 얻기 시작한다. 즉, 기업은 성공하는 방법에 대한 직관적이고 경험적인 노하우를 얻는다. 예측가능한 성공 단계에서는 신속하고 뛰어난 의사결정이 이뤄지고 부서 간 협력을 통해 착착 실행된다. 결과적으로 성장과 수익이라는 두 마리 토끼를 잡으면서 기업의 뇌도 진화해 간다. 이를 통해 기업은 성공을 위해 무엇을 해야 할지 알게 되고, 이를 반복하면서 패턴들에 익숙해진다. 결국 성공해야 할 이유와 그 방법들을 이해하게 되는데, 이는 기업의 DNA로 자리를 잡는다.

예전의 재미 단계에서도 기업은 성공적이었다. 그러나 그 시절, 기업은 빠르게 성장하기는 하지만 왜, 어떻게 성장하는지는 잘 모른다. 스포츠에 비유하면 재미 단계에 있는 기업은 배운 지 얼마 되지 않은 골프 선수가 메이저 경기에 참가해 마지막 날 예상과 달리 상위권을 유지하는 것과 같다. 이 얼마나 놀라운 일인가. 하지만 그 다음 경기에서는 어떤 일이 일어날지 아무도 모른다. 점차 승리에서 멀어지거나 급격한 부진에 빠질 것이라고 예상할 수 있다. 더 중요한 것은 그 날의 결과가 다음 주에 무슨 일을 일어나게 할지, 또 그 다음 주에 무슨 일을 일어나게 할지 전혀 알 수가 없다는 것이다. 아직 성공의 패턴이 존재하지 않기 때문이다.

반대로 예측가능한 성공 단계는 전혀 다르다. 여러 차례 경기에 참가해서 마지막 날까지 경합하는 경험 많은 골프 선수와 같다. 이 선수는 자신이 어떻게 결승 라운드까지 올라갈 수 있었는지, 그 이후에는 어떤 일이 벌어질지, 경기에서 우승한 후에는 무엇을 어떻게 해야 할지 정확히 안다.

예측가능한 성공 단계에 있는 기업은 운동선수처럼 '근육에 기억됨'으로써 경쟁력을 얻는다. 이는 기업에 큰 이점으로 작용한다. 근육에 기억된다는 것은, 실행 단계에서 어느 누구에게도 의존하지 않는 것, 즉 성공 방법에 대한 직관적이고 경험적인 이해를 말한다.

무엇을 일깨워줘야 하는가

대부분의 기업은 예측가능한 성공 단계로 올라가기 위해 조직문화를 상당 부분 바꿔야 한다.

- 철저한 기업가적 정신과 절차에 따른 일관성이 유지되도록 전환한다.
- 충신들의 영향력을 통제한다.
- 위험부담이나 창의력이라는 역량을 개인에 의존하지 않고 습관화시킨다.

· 기업구조를 중앙집권형의 정적인 '태양과 행성' 구조에서, 기능 분산형의 유동적인 '포수 글러브' 구조로 바꾼다.

위에 제시한 변화들을 각각 따로 다루면 평범하고 단조롭게 보일 수 있다. 그러나 동시에 다루면 기업에 큰 영향을 미친다(다른 변화들에 대해서는 9장과 11장에서 설명한다). 즉, 한때 충성도와 근속년수에 따라 '조직 서열제' 안에서 자리를 꿰차고 앉아 있던 직원들이 있었다. 하지만 이제는 실력제 안에서 경쟁해야 한다는 사실을 발견하게 될 것이다. 이렇게 해서 재미와 급류 단계의 승진 경쟁에서 승리한 경영자급 관리자들은 업무에 대한 기대치가 기하급수적으로 높아졌다는 것을 알게 된다. 즉, 예전에는 상부의 지시에 따라 팀원들에게 단순히 명령을 내렸지만 이제는 동료나 부하직원들과 수평적인 관계를 통해 성과를 내야 하는 것이다.

이 중 어떤 것도 손에 넣기는 쉽지 않다. 예측가능한 성공 단계에 접어들었을 때는 많은 직원들이 재미나 급류 단계에서 채용되었을 것이다. 그래서 세 번째로 다가온 기업문화의 전환이 너무 멀게 느껴질 수 있다. 앞서 언급한 것처럼 기업이 예측가능한 성공 단계에 접어들면 재미 단계에서부터 일해온 베테랑 직원과 급류 단계의 행정가들 사이에서 절차와 제도를 놓고 일대 신경전이 벌어진다. 기존의 직원들은 후임자들이 치고 올라오는 것에 압박감이나 정복되었다는 느낌을 받는다. 후임자들은 전임자들로부터 따돌림과 무관심을 받는다.

이러한 상태에서 다음 단계로 올라간다면 일부 직원들은 힘에 부친다는 것을 느낀다.

경영자는 예측가능한 성공 단계를 잘 다루고, 가능한 한 많은 직원들의 지지를 얻기 위해 다음 5가지 일을 실천해야 한다.

1. 예측가능한 성공 단계를 분명하게 말하라

대부분의 직원들은 지금까지 자신이 해왔던 일들이 조직에 어떤 영향을 미쳤는지 잘 알지 못한다. 그들은 재미나 급류 등과 같은 조직 변화 단계에 전혀 신경을 쓰지 않기 때문이다. 그래서 역할을 못하는 경영진 때문에 기업구조가 엉망이 된 것처럼 느끼며, 매우 혼란스럽고 우려되는 시기, 그 이상도 그 이하로도 보지 않는다. 대부분의 경영자들도 자신에게 문제가 있는 것처럼 느낀다.

예측가능한 성공의 초기 단계에서 경영자가 취할 수 있는 가장 쉽고도 파워풀한 방법이 있다. 모든 직원이 함께 모이는 자리를 마련하는 것이다. 이는 심지어 급류 단계에서도 좋은 효과를 낸다. 즉, 모든 직원들을 모아 예측가능한 성공 원리에 대해 간략하게 들려주고 기업이 겪어온 과정을 설명하는 것이다. 즉, 회사가 이상하고 문제가 많아서 기능을 못하는 것이 아니라 실제로 모든 조직이 겪는 성장 단계를 밟고 있다는 사실을 일깨워줘야 한다. 동시에 문제해결과 의사결정에 필요한 전반적인 개념까지 더하면 좋다.

말에는 힘이 있다. 고객을 다루는 어떤 방법이 재미 단계에서는 통했지만 예측가능한 성공 단계에서는 통하지 않을 수 있다. 이를 말로서 설명해 불확실하고 애매한 태도를 유지하는 것보다 훨씬 낫다.

2. 급류나 재미 단계로 회귀할 수 없다고 분명히 말하라

일부 직원들, 특히 한동안 몸담아 왔던 직원들은 "예전에는 이랬었는데"라는 말을 입에 달고 살 것이다. 특히 재미 단계에서 쭉 일해온 직원들은 예전에는 참 좋았는데 이후로 회사가 계속 기울고 있다고 부정적으로 생각한다. 이들의 모토는 "그 시절로 돌아가자"가 될 것이다. 그리고 유일한 염원은 절차와 제도를 파괴하고 재미 단계로 되돌아가는 것이다.

따라서 이들에게는 기업이 겪는 변화의 단계를 이해하고, 급류 단계는 선택의 결과가 아니라는 사실을 이해시켜야 한다. 이해를 위해 가장 중요한 것은 경영자가 직접 통합되고 일치된 설명을 해주어야 한다. 이 점이 매우 중요하다. 단 한 사람의 경영진이라도 말이나 바디랭귀지로 예측가능한 성공 단계를 선호하지 않는다는 의사를 드러내면 기업은 급격히 급류 단계로 되돌아갈 수 있다.

3. 고수하려는 절차의 중요성을 공개적으로 지지하고, 주장하고, 모델화하라

급류에서 예측가능한 성공 단계로 이끌어가는 사람들이 말만 화려해서는 안 된다. 모든 직원들은 경영자가 정말 그럴 의지가 있는지 관찰한다. 이들은 경영자의 말이 아닌 행동을 보고 해결책을 평가한다. 경영자가 어떤 절차를 언급하면서도 실제로는 그 말을 지키지 않으면 어떻게 될까. 또는 심지어 경영자가 자신에게 부여된 책임을 무시하거나, 간과하거나, 전가하면 어떻게 될까. 경영자가 한 말은 아무런 효과를 거두지 못한다.

또한 절차를 고수할 수 있도록 지지해주고 현실화하기 위해서는 거기에 합당한 보상 등을 해주어야 한다. 개선되고 향상된 새로운 절차를 숙지한 사람에게는 공개적인 격려가 주어져야 한다. 동시에 새로운 절차를 거스르는 사람에게는 상응하는 결과가 따를 뿐 아니라 그 결과는 혹독하다는 것을 알려주어야 한다.

4. 많은 직원들이 떠날 수 있다는 사실을 받아들여라

경영자가 이렇게 최선의 계획을 세우고 새로운 방식을 적용한다 해도 문제는 여전히 남는다. 즉, 많은 직원들이 예측가능한 성공 단계까지 오는 동안 너무 많은 짐을 부담하게 되어 회사를 떠날 수 있다. 새로운 문화를 좋아하지 않는 직원들, 소외되고 잊혀졌다고 느끼는 직원들, 예측가능한 성공 단계에 필요한 업무 능력을 기르지 못한 직원들이 그들이다. 이 세 종류의 직원이 의미하는 것은 이렇다. 예측가능한 성공 단계의 초기 몇 년 동안 총직원의 1/3에 달하는 사람들이 이직할 수도 있다는 것을 의미한다.

예측가능한 성공 단계에 있는 경영자는 직원 유출 역시 '건강한' 현상의 하나라고 인식해야 한다. 즉, 조직은 계속 변하고, 일부 직원들은 다음 단계로의 여정을 원하지 않을 수도 있다. 이는 충분히 예상할 수 있는 일이다. 단기적으로 봤을 때 이러한 충격을 흡수하기 위해 대가를 지불할 수도 있다. 그러나 중장기적인 관점에서 보면 예측가능한 성공 단계의 문화가 유지됨으로써 동기가 부여되고 의욕적인 직원들만 남게 된다. 이는 오히려 기업에는 큰 이득이 된다.

5. 직원 채용 과정에 기업문화의 변화를 반영하라

모든 건강한 조직에는 직원들이 들어오고 나간다. 사람들이 이동하면 새로운 사람들로 자리가 채워진다. 예측가능한 성공 단계로 나아갈 때 직원들이 들어오고 나가는 과정은 더 가속화된다. 즉, 기업문화가 변화하면서 평소보다 훨씬 더 많은 직원들이 회사를 떠난다. 그 결과 경영자는 빈자리를 메우기 위해 채용 또한 가속할 것이다. 이러한 이동 현상이 장기화되는 것을 피하고 싶다면 어떻게 해야 할까.

조직이 지금까지 겪어온 변화를 반영할 수 있도록 채용 절차를 조정해야 한다. 특히 이전 재미 단계에서는 "풍채가 참 좋구만"이라는 식으로 채용했을 수 있다. 또한 태도를 중심으로 채용이 진행되거나, 보통 경영자가 직접 직원을 뽑았을 것이다. 그러나 이제부터는 체계적인 채용 절차가 필요하다. 상세하게 기록된 이력서, 행동에 관한 질문, 경영진 면접 등을 통해 조직에 적합한 자세를 갖고 있을 뿐 아니라 큰 어려움이 주어져도 이겨낼 수 있는 사람을 뽑아야 한다.

Summary

· 예측가능한 성공은 기업의 라이프사이클에서 생존싸움, 재미, 급류 이후의 네 번째로 찾아오는 단계이다.

· 기업이 복잡성을 극복하고 급류 단계에서 빠져나오기 위해 필요한 절차와 체계를 도입함으로써 예측가능한 성공 단계에 오를 수 있다.

· 예측가능한 성공 단계에서 조직은 최상의 상태가 된다. 목표를 수립하고 목표를 달성하기 위해 일관성 있게 행동할 준비가 되어 있다.

· 업무 절차와 실제 업무 사이에 적절한 균형이 이뤄지면 기업이 예측가능한 성공 단계에 머물지 못할 이유가 없다.

· 너무 많은 절차와 업무를 새로 도입해 독창성과 창의력을 밀어내고 업무 절차나 제도에 의존하면 기업은 쳇바퀴 단계로 나아간다.

· 경영자의 핵심 역할은 비전과 절차 사이에서 적절한 균형을 이루고, 기업이 예측가능한 성공에 머물게 하는 것이다.

· 적시에 의사결정이 이뤄지고, 그 결정을 곧바로 실행할 수 있는 기업은 성공이 서서히 습관화되고 노하우로 쌓여 경쟁력을 갖는다.

· 경영자는 예측가능한 성공 단계에 머무는 데 필요한 행동을 공개적으로 지지하고, 설명하고, 모델화해야 한다. 특히 반드시 지켜야 할 절차를 준수하도록 설명한다.

· 예측가능한 성공 단계에 진입했을 때 재미와 급류 단계에서부터 성장을 일궈낸 일부 직원들에게 변화가 생긴다. 즉, 부서 간의 업무 공유와 새로운 의사결정 체계에 반발하면서 회사를 떠난다.

6장

쳇바퀴

열심히 일하지만 성과는 없다

"기업은 얼마나 빠르게 양적으로 성장하느냐가 중요한 것이 아니다.
얼마나 더 빠르게 질적으로 성장하느냐가 중요하다."
– 미키 드렉슬러

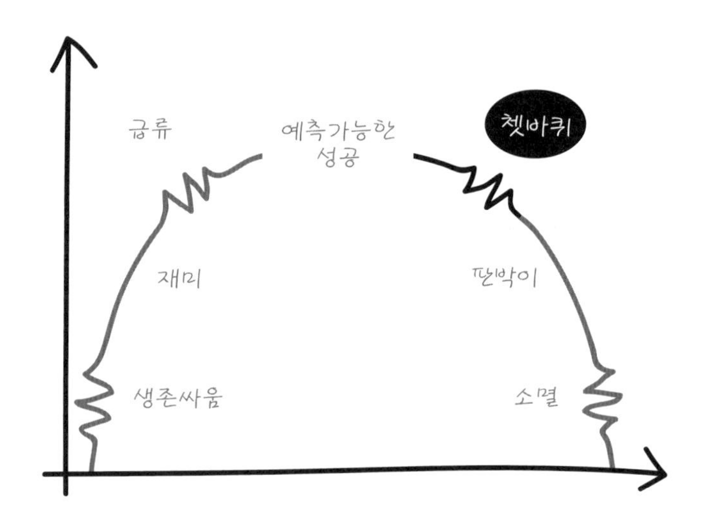

이메일 내용은 충격적이었지만 어느 정도는 예감하고 있었다. 나는 데릭이 최근 6개월 전부터 더 이상 행복하지 않은 상태라는 것을

직감했다. 지난 6개월 전까지만 해도 그는 대단히 성공적인 PR 회사의 CEO로서, 동종업계에서 박수갈채를 받고 있었다. 인정받았고 더 많은 수익도 올리고 있었다.

나와의 미팅에서 데릭은 실망감과 좌절감이 점점 심해지고 있다는 것을 드러냈다. 기업의 견실한 성장에도 불구하고 점점 더 일과 멀어지는 듯 보였고 방향 감각을 잃은 것처럼 보였다. 그 결과 직원들은 동요하기 시작했다. 2가지의 대립되는 생각이 내 마음에 속삭이기 시작했다. 지난 7년 동안 그의 회사와 함께 일하면서 단 한번도 이러한 일이 없었다.

이메일에는 그가 회사를 떠났고, 보유한 주식들은 3개월 전에 이미 엄청난 양의 주식을 보유하고 있던 대기업 홍보회사에 넘겼다는 내용도 있었다. 이상하리만큼 냉정하고 짤막한 그의 이메일에는 안도감과 불안감이 교차했다. 심각하지만 어쨌든 해결책을 찾았다는 점에서 안도감을 느끼는 듯했다. 반면 자신의 결정이 회사에 미칠 영향을 생각할 때 불안감을 느끼는 듯했다.

창조적이고 비전이 가득한 그 회사를 의인화하면 늘 창업자인 데릭이 떠올랐다. 그는 오랫동안 회사를 자식처럼 여기며 키워왔고 자신과 닮은 모습으로 가꿔왔다. 데릭은 대담했고 위험을 두려워하지 않았고 기업가정신이 투철했다.

이 회사는 지난 몇 년 동안 빠른 성장을 이룬 후 불가피하게도 거대한 급류에 직면했다. 이에 대해 데릭은 약 3년 동안 자신과 회사를 혁신하기 위해 전념해 왔다. 이 과정에서 그는 모든 일을 지휘하는 창업자이자 경영자로서의 역할을 줄여갔다. 그 대신 팀의 리더로서의 역할을 늘려나가는 방법을 터득했다. 책임을 부장급 관리자들에게 분산하고 회사의 운영을 체계화했다. 한편 고객이 간절히 원하는 혁신성과 유연함도 지키려고 노력했다.

얼마 지나지 않아 회사는 예측가능한 성공 단계에 도달했다. 그리고 PR 업계에서 한 지역을 좌우하는 회사로 성장할 수 있었다. 이러한 성공은 데릭이 개척해서 거머쥘 수 있는 것 이상의 기회를 가져왔다. 그는 신속히 비즈니스 파트너를 유치하려고 노력했다. 처음에는 약간의 주식을 팔고, 그 후 대량으로 매각해 전국적인 규모를 갖춘 홍보회사로 성장시켰다. 이러한 경영 활동을 통해 뛰어난 인적 자원을 확보했으며 CEO 및 이사회 일원이라는 직책을 거머쥘 수 있었다.

한동안 모든 상황이 잘 돌아가는 듯 보였다. PR 회사의 주가는 계속 상승했고, 회사의 운영은 점차 모회사의 체계로 통합되어 갔다. 그러나 몇 개월 지나지 않아 데릭은 변화를 느끼게 되었다. 일상적인 활동에 대해서도 간섭이 강화되자 불쾌해지기 시작한 것이다. 특히 모회사의 이사회에서 자신이 발의한 안건을 승인해주지 않을 때는 어떻게 대처해야 할지 몰라 안절부절했다. 데릭에게 회사는 경쟁력을 잃어가고 있는 것처럼 보였다. 즉, 경영진들은 변화에 따른 새로운 업무 방식을 도입하려 하지 않았다. 고객관계관리 담당자들도 창의력보다는 업무 절차를 강조했다.

나는 데릭이 점점 자신의 결정에 승인을 얻어내려 하기보다는 주어진 상황을 받아들이려 한다는 것을 느꼈다. 그는 자신이 회사를 성장시킬 때 사용하던 그 체계가 아닌 다른 방식을 사용하려 했다. 내 머릿속에서는 하나의 그림이 그려졌다. 최근 데릭과 충성스런 직원들이 회사의 다른 구성원들과 냉전을 시작한 것이다.

결국 데릭은 자식처럼 소중히 여기던 회사를 나와버렸다. 이메일은 '일방적으로, 즉시'라는 과장된 단어로 쓰여 있었다. 나는 선뜻 전화를 걸 수 없었다.

듣고 싶은 말만 들으면…

데릭의 회사는 그가 얼마나 노력해 왔는지에 대한 성과를 보여주는 곳이었다. 업계의 거물들과 함께 찍은 사진, 벽에 걸었거나 진열장에 전시한 인증서와 수많은 표장들, 매우 만족한 고객들이 보내온 장식품과 선물들, 스크랩해둔 신문 기사, 칼럼, 잡지 표지, 수년간 고객을 위해 녹화한 TV 출연 장면 등을 볼 수 있다. 데릭은 이 모든 것들의 정중앙에 자리를 잡은 책상에 앉아 있다. 책상은 온갖 서류와 보고서, 복사물로 가득 차 있다. 그러나 바로 그런 것들이 거대 회사의 경영자를 침묵하게 만들고 있었다.

나와 마주 앉았지만 그가 마지못해 말한다는 것을 알 수 있었다. 눈꺼풀이 아래로 축 늘어진 눈은 거의 마주치려 하지 않았다.

"할 말이 별로 없네요. 내가 할 수 있는 말은 당신이 말한 대로 되지 않았다는 것뿐이에요."

그는 이렇게 말하고는 멈췄다. 나는 적막을 깨뜨리고 싶지 않았다. 그를 잘 알기에 내게 할 말이 많다는 것을 직감할 수 있었다. 그가 말을 꺼낼 때까지 나는 기다려야 했다. 원하는 방식대로 말할 수 있도록…. 몇 분이 지나자 나를 올려다봤다.

"생각해 보세요. 그들은 회사 전체를 완전히 바꿔 버렸어요. 숫자만 따지는 세상으로 바꿔 버렸다고요. 무슨 일 좀 하려 하면 서류를 20장이나 작성한 뒤에도, 3주 동안이나 상부의 대답을 기다려야 하죠."

그는 고개를 천장으로 들어 올리고는 책상 위로 두 다리를 올렸다.

"엉망진창이에요. 고객관리 담당자들은 회의 참석이나 보고서 작성 때문에 너무 바쁘죠. 그렇다 보니 성과를 낼 겨를이 없었어요. 고객들이 슬슬 떠나기 시작했는데…. 당신도 알다시피… 나는 어설픈 일솜씨 때문에 고객을 잃어본 적이 없어요. 그때 이후로 말이죠."

"급류 단계를 말하는 건가요?"

내가 물었다. 그는 얼굴을 찌푸렸다.

"네. 급류 단계 말이에요. 다른 단계가 있기나 한가요, 뭐. 온갖 시간과 열정을 다한 끝에 급류에서 벗어났던 일을 떠올려봤어요. 그때 나는 불굴의 투지를 갖고 있었어요. 그런데 다시 그런 일을 겪게 된 겁니다."

그는 얼굴에 그늘이 지면서 벌겋게 달아오르기 시작했다. 분명 화가 나 있었다. 일부는 나에게도 화가 나 있었다.

"예전에 예측가능한 성공에 도달할 것이라고 말했던가요? 당신은 우리가 전성기를 맞이할 거라고 했었죠. 난 당신을 믿었어요. 하지만 모든 게 수포로 돌아가고 있어요. 난 이제 처음부터 모든 걸 다시 시작해야 할지 모릅니다. 그것도 47살에 말이에요!"

상황이 심각했다. 나는 이러한 상황에서 나를 방어해야 했다. 우리는 예전에 회사 주식을 더 큰 회사에 매각하면 어떤 일이 벌어질지 여러 번 논의를 했다. 먼저 그때의 일을 상기시켰다. 그 다음, 회사의 과잉 경영체제가 갖는 위험성에 대해 밤이 늦도록 오랜 시간 통화했던 기억도 떠올려주었다. 무엇보다 나는 여러 번의 미팅에서 기록한 노트를 꺼냈다. 비전과 창의성, 기업가적 열정은 원래 데릭의 성향이었다. 하지만 큰 회사를 경영하기 위해 습관화할 필요가 있다고 말했다.

나는 그럴듯한 설명으로 지금의 상황을 이해시키려고 노력했다. 하지만 나 때문에 데릭이 실패했다는 것은 부정할 수 없는 사실이었다. 어찌됐건 그와 함께 많은 시간을 보냈음에도 불구하고 예측가능한 성공 단계에서 쳇바퀴 단계로 미끄러질 위험도 도사리고 있다는 것을 정확히 인식시켜주지 못했다. 이제 내가 할 수 있는 일은 데릭의 이야기를 들어주고, 그가 괴로움을 호소할 수 있도록 돕는 것뿐이었다.

"어디서부터 잘못됐다고 생각하세요? 다시 예전으로 돌아갈 수 있다면 지금과는 다르게 결정하고 싶은 게 있나요?"

그는 책상에서 다리를 내리고 일어서더니 창문으로 뚜벅뚜벅 걸어

갔다. 수영장과 테라스로 연결된 문이었다. 테라스 밖에는 데릭의 두 자녀가 놀고 있었다. 그는 상념에 잠긴 듯 한참 동안 아이들을 바라봤다. 그러다가 마침내 입을 열었다.

"왜 아무런 경고도 하지 않았나요? 인수합병이 이뤄지면 장단점이 있을 거라고 말했던 건 기억합니다. 인수합병은 빠른 성장을 이뤄낼 수 있지만 그에 따른 부정적인 결과가 있을 거라고 말했던 것도 기억해요. 그런데 난 듣기 좋은 이야기만 들으려고 했나 봅니다."

나는 힘없이 웃으며 대답했다.

"누구든지 좋은 이야기만 기억하고 싶은 건 당연합니다."

그는 다시 책상으로 돌아와 화려한 대리석 펜꽂이에서 펜을 꺼냈다.

"그들만 잘못한 건 아니었어요." 그들이란 데릭의 회사를 인수한 모회사였다.

"그들에게도 물론 잘못이 있지만 나도 잘 대처하지 못했어요. 나는 자유롭게 내 일을 하고 싶어서 이 회사를 시작했죠. 그래서인지 자유가 없어져 간다는 걸 느낄수록 더 몸부림치게 되더군요. 그래서 회사를 나와 버렸죠."

그러면서 종이에 무언가를 쓰기 시작했다. 그는 슬픔을 이겨내고 긍정적인 마인드를 가지려 노력하는 것 같았다. 무언가를 써내려가면서 계속 이야기를 이어갔다.

"전 괜찮아질 거예요. 주식을 매각해 나름 수익도 짭짤했고 계획했던 일도 몇 가지가 있거든요. 그래서 사실 지금 즐거운 상태에요. 예전에 회사를 처음 시작할 때도 이렇게 신이 나진 않았는데 말이죠."

그는 다시 무언가를 쓰기 시작했다.

"이제 당신이 해야 할 일은 그 회사가 다시 예측가능한 성공 단계로 돌아갈 수 있도록 지원해야 한다는 겁니다. 그들은 나 없이도 해낼 수 있을 겁니다. 사실 제가 없으면 더 도움이 될 수도 있죠. 그러나 그들도 이제는 알아야 해요. 회사가 더 이상 예측가능한 성공 단계에 있지 않다는 것을."

이제 나는 '그들'이 누구를 말하는지 정확히 알 수 있었다. 데릭은 글을 쓰던 손을 멈췄다. 그는 내가 볼 수 있도록 종이의 방향을 내쪽으로 돌렸다. 거기에는 9가지 목록이 적혀 있었다.

"그들이 업무를 진행하는 데 사용하는 절차입니다. 가장 중요한 것들만 써봤어요. 이것들이 바로 회사를 벼랑 끝으로 몰고 간 원인이죠. 이 절차들 때문에 직원들은 성공의 기회를 잃게 되죠. 마찬가지로 회사도 진정으로 성장할 기회를 잃고요. 이러한 절차들은 직원의 활력을 앗아갑니다. 그들이 고칠 수 있도록 당신이 나서야 합니다. 그들이 이 단계에서 빠져나올 수 있도록 도와주세요. 그… 이름이 뭐였죠? 그 단계의 이름이?"

"쳇바퀴요."

쳇바퀴란 무엇인가

쳇바퀴는 기업의 라이프사이클 중에서 다섯 번째로 찾아오는 단계이다. 즉, 생존싸움, 재미, 급류, 예측가능한 성공 단계 이후에 찾아온다.

회사는 급류 단계에서 예측가능한 성공 단계로 나아가기 위해 새로운 업무 절차와 제도를 도입한다. 그러나 업무 절차와 제도에 지나치게 의존하면 쳇바퀴 단계를 맞이한다. 즉, 조직이 과잉체제 아래 있을 때 쳇바퀴 단계가 찾아오는 것이다.

엄밀히 말해 이 단계를 반드시 거쳐야 할 필요는 없다. 이론적으로 조직은 예측가능한 성공 단계에 얼마든지 오래 머물 수 있기 때문이다. 그러나 실제로는 불행하지만 납득할 만한 이유로 쳇바퀴 단계로 접어든다. 만약 체계라는 유익한 도구가 있었기에 예측가능한 성공에 이를 수 있었다면 더 많은 체계를 갖는 게 좋지 않을까? 업무 절차가 회사를 재정비하고 혁신할 수 있도록 도왔다면, 업무 절차가 더 많을수록 좋지 않을까? 누구나 이러한 의문을 가질 수 있다.

그러나 대답은 '노'이다. 조직 내에 업무 절차와 제도가 지나치게 많으면 처리 속도가 느려진다. 게다가 유연성도 잃는다. 또한 외부로 눈을 돌리기보다는 내부에 초점을 맞춘다. 과잉체제의 조직은 새로운 변화에 적응하기 어렵고, 행동도 기계적이고 대처도 느릴 수밖에 없다. 업무를 추진하는 여정은 구불구불할 뿐 아니라 고달프기까지 하다. 어떤 때는 유익한 전략이라고 판단되는 결정조차도 미결 상태로 남는 경우도 있다. 이는 의사결정 자체가 나쁘기 때문이어서가 아니다. 결정된 사안을 신속히 행동으로 옮기는 과정에서 어려움이 발생하는 것이다. 그러나 이를 극복하려는 의지가 없으며 극복할 능력도 없다.

쳇바퀴 단계에서는 서류 작성이나 통계분석이 생산성이나 상품, 서비스보다 더 중요하게 다뤄진다. 경영진은 성장과 생산성이 요구되는 시점임에도 무엇을 처리했는지를 고려하기보다는 어떻게 처리했는지를 더 생각한다. 보고서는 기능면에서 방해가 된다. 즉, 해당 체크리스트가 작성되었는가? 적절한 순서에 따라 진행되었는가? 정확히 '3단계 과정에 맞게', '5가지 요소를 갖추어' 진행되었는가? 등은 기능적인 면에서 큰 방해요소가 된다.

이 단계에서 회사는 효율성을 높이는 일에 최대한 중점을 둔다. 도요타식 개선, 6시그마, CIP 등의 유용한 프로그램은 교리처럼 여겨진다. 또한 업무 절차를 갈고 닦아 완성하는 것은 소중한 기술적 자산처럼 여긴다. 회사는 어떤 일이 있어도 절차를 따르라고 요구한다. 그래서 이때 처음으로 관리감독 부서가 등장하며, 업무 절차에서 벗어나지 못하도록 규제하기 시작한다.

놀라운 일은 생기지 않는다

과잉체제의 회사는, 예전에는 경쟁력으로 작용했던 비전과 기업가적 열정을 매우 빠른 속도로 좀먹어간다.

기업이 성공 단계에 있을 때 업무 절차와 제도는 의미가 달라진다. 즉, 창의력과 위험감수 능력을 지탱해주는 자비로운 보호막 역할을 한다. 이때 업무 절차와 제도는 직원들이 기업의 비전과 기업가적 열정을 실현할 수 있도록 규칙에 대해 경계선 역할을 한다. 재미 단계에서 활발하게 창의력을 발휘하고 위험을 감수하다보면 예기치 않게 혼돈과 변덕이 일어난다. 이때 업무 절차와 제도가 그런 혼돈과 변덕에 맞서 싸워주는 것이다.

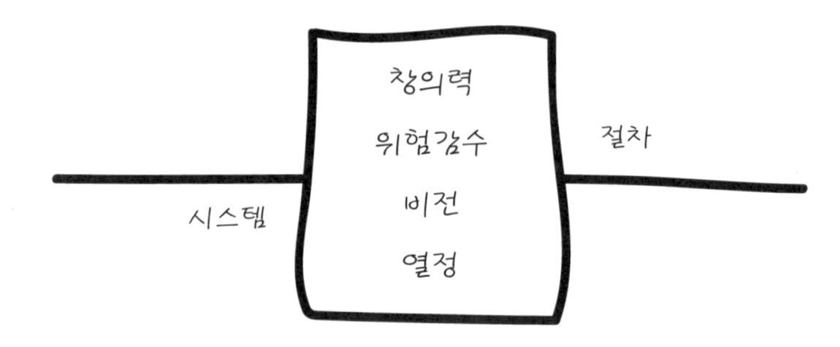

그림 6-1 예측가능한 성공 단계에서의 업무 절차와 제도

쳇바퀴 단계에서 업무 절차와 제도는 직원들이 회사 내부에 초점을 맞춘다. 그 결과 창의력 발휘나 위험 부담을 꺼리게 만들고, 호러 영

화에서나 볼 수 있는 좀비처럼 기업의 비전과 기업가적 열망을 잠식하며 숨통을 조여들어온다.

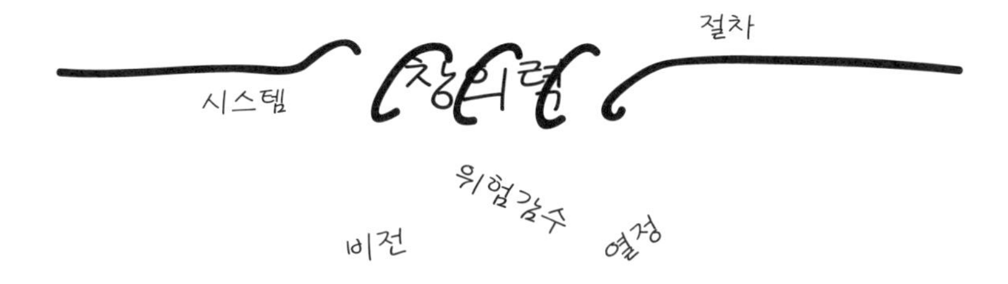

그림 6-2 쳇바퀴 단계에서의 업무 절차와 제도

이 단계에서 창의력을 발휘하지 않고 위험을 부담하지 않으면 기업은 많은 악영향을 받는다. 그중에서도 다음 3가지는 영향력이 매우 치명적이다.

1. 혁신 능력을 잃는다

쳇바퀴 단계에서 기업은 혁신보다는 모방하기 쉬워진다. 업무 절차와 제도라는 덩굴이 기업의 비전과 기업가적 열정을 서서히 잠식하는 동안 '발전된 사례'나 '벤치마킹'이 창의력과 위험감수의 자리를 대체한다. 새로운 아이디어는 현재의 절차와 제도를 혼란에 빠뜨린다는 이유로 채택되지 않는다. 그 대신 다른 회사의 사례나 아이디어를 도입한다. 즉, 다른 회사의 유사한 업무 절차와 제도를 도입함으로써 쳇바퀴 상태에 빠진다.

2. 한 단계 성장을 이루지 못한다

예측가능한 성공 단계에 있는 회사는 창의적이고 위험과 맞서려는 활발한 기업문화 덕분에 꾸준히 성장하고 수익을 낸다. 즉, 기술혁신, 영업혁신, 마케팅 혁신에서 비롯되는 성장을 이루게 된다. 또한 예측가능한 성공 단계에서는 문제에 직면했을 때, 즉 새로운 경쟁자나 경쟁기술이 등장할 경우 독특한 대응책을 강구해 극적인 성장을 이뤄낸다.

쳇바퀴 단계에서는 혁신적 마인드를 잃기 쉽고 그 자리에 모방이 대체한다. '혁신이 없다', '일을 처리하는 과정이 너무 복잡하다', '창의력과 위험을 감수하려는 문화가 없다', '되풀이되는 혼란, 점점 커지는 혼란에 너무 신경이 쓰인다'는 불만이 많아졌다는 것은 이제는 회사가 극적인 성장을 이룰 수 없다는 뜻이다. 쳇바퀴 단계의 기업은 외부의 문제에 대해서도 특별히 대처할 방법이 없다. 그래서 상황이 점차 나아질 때까지 기다리는 수밖에 없다.

3. 부정적인 소식은 감춰진다

쳇바퀴 단계의 회사에서는 거의 절대적으로 업무 절차를 따라야 한다. 예산 집행 절차도 마찬가지이다. 예산을 집행하는 절차 역시 반드시 따라야 할 가장 두드러진 과정이다. '목표 수치에 도달하는 것'은 선택의 문제가 될 수 없고 반드시 도달해야 한다. 또한 '나를 놀라게 하지 마라'는 기업문화가 자리 잡는다. 여기서 '놀랄 만한 일'은 기준에 벗어나는 일이나 부정적인 결과, 어떤 형태로든 부정적인 소식을 나타내는 것을 말한다.

그 결과 —예상할 수 있는 것처럼— '놀랄 만한 일'은 억제되고 감춰진다. 만약 누군가가 당신에게 나쁜 소식을 전하지 않길 바란다면 당신 역시 나쁜 소식을 전하지 않게 될 것이다. 이는 매우 위험하고 나쁜 증상이다. 제대로 고치지 않으면 기업이 '판박이' 단계로 진입하기 때문이다.

이를 종합해 볼 때 기업은 지극히 평범한 상태로 유지된다. '와!' 하고 놀랄 만한 결과는 더 이상 나올 수 없다. 혁신과 위험감수가 억제되기 때문에 더 이상 장대하고 스릴 넘치는 일은 일어나지 않는다. 더 이상 두 자릿수 성장도 기대할 수 없다. 그 대신 기업은 내부 체계를 계속 갈고 닦는다. 즉, 작은 고통 속에서 겨우겨우 성장을 이어가지만 그 성장은 매우 제한적이고 더디다.

좌절감과 환희의 교차

쳇바퀴 상태의 기업에서 일할 경우 어떤 사람은 심한 좌절감을 느끼는 반면 또 다른 사람들은 환희를 느낀다.

오래된 직원 이들은 회사를 위해 오랫동안 일해온 사람들이기 때문에 기업이 쳇바퀴 단계에 빠지는 것을 알면 심한 좌절감을 느낀다. 이들은 과잉체제 때문에 성과를 올리지 못하고 쩔쩔맨다. 쓸데없는 보고 절차가 생겨났고 이를 따라야만 한다는 사실에 분노한다. 또한 작은 것까지 깐깐하게 확인하는 관리방식에 위축된다. 그리고 한때는 가까웠던 관리자들과도 점점 더 거리감을 느낀다. 즉, 자신이 더 이상 신뢰받지 못한다고 생각하며, 회사의 중요한 일원이 아니라는 생각을 한다.

이들에게 경영진의 의사결정은 실소를 자아낼 만큼 현실과 동떨어진 것으로 느껴질 수 있다. 또한 모든 일은 필요한 결과에 맞게 조작되는 것처럼 보인다. 실제로 교묘한 자료 조작이 만연하기 때문에 자료들을 더 이상 믿지 않는다. 이들은 회의를 마치고 나오면서 "부장은 30분 동안 쓸데없는 말만 했다"고 투덜거린다. 그러나 기업 체계에 저항하거나 부정적인 이야기를 하거나 비판을 하다가는 강등되거나 심지어 해고된다. 그래서 직원들은 잘못된 체계를 비판해도 아무 소용이 없다는 것을 깨닫는다.

새로운 직원 이들은 쳇바퀴 단계의 회사에서 일하는 것을 즐긴다. 적어도 한동안은 그렇다. 이들은 회사의 체계 안에서 일할 수 있는 능력이 있고, 이러한 체계 안에서 일하고 싶다는 의지가 평가를 받아 이 단계에서 채용된 직원들이다. 이들은 오래된 직원들보다 더 경직되어 있고, 체계 안에서 일하기에 적합한 사람들이다. 그래서 쳇바퀴 단계에 잘 맞고 이 단계에서 잘 살아남을 수 있다. 쳇바퀴 단계에서 채용할 때는 창의력이나 도전정신보다는 팀워크, 절차 준수, 보수적인 기질 등을 더 중시하기 때문이다.

새로 들어온 직원들에게 쳇바퀴 단계는 천국과도 같은 직장일 수 있다. 기업 체계가 잘 정비되어 있고 잘 준수되기 때문이다. 또한 업무 절차가 명확해 놀랄 일도 거의 생기지 않는다. 업무를 처리할 수 있도록 적절한 자원도 주어지기 때문에 자신의 활동에 대해 보고서를 작성하기만 하면 된다. 그런데 이러한 회사에 확실한 과제가 없거나 토론 문화가 자리를 잡고 있지 않으면 어떻게 될까. 직원들은 "직장에선 하라는 것만 하면 돼. 그래야 내 이미지가 좋아져"라고 생각한다.

창업자 혹은 오너 이들에게 쳇바퀴 단계는 기업의 성패가 갈리는 곳이다. 급류 단계에서 빠져나와 예측가능한 성공 단계로 올라가기 위해 많은 변화를 시도했다 해도 쳇바퀴 단계에서 창업자나 오너는 정신적으로 많은 고통을 받는다.

데릭의 경우처럼, 기업이 다른 더 큰 회사에 지분을 매각했든 아니든 쳇바퀴 단계의 기업은 '그룹 회사' 혹은 '작은 회사'라는 흔적도 보이지 않게 비인격적인 기계처럼 다뤄진다. 이 단계에서 창업자는 개인의 자유와 자발성을 잃는다. 게다가 모회사가 세세한 경영체제를 이용해 창업자의 업무와 결정에 사사건건 개입한다. 결국 대부분의 창업자와 오너는 한때 자신의 소중한 자식과 같았던 회사에서 고립감을 느낀다.

더 이상 회사가 자신의 것이 아니라고 인식하면 아무리 대단한 기업가적 열정을 가진 창업자라도 회사에 관심을 끊는다. 동시에 엄청난 좌절감을 느낀다. 이들은 '그들(모회사의 경영진들)'이 '나'의 회사에 대해 하는 일을 볼 때마다 불쾌하고 심지어 질투마저 느낀다. 최악의 경우 좌절감과 불쾌감 때문에 기업 내에 명백히 부정적인 영향을 미친다. 즉, 떠들썩하게 반목 집단을 만들어 새롭게 정착된 경영방식을 거세게 비판하는 등 업무를 방해하거나 기업을 파벌화시킬 수 있다.

쳇바퀴 단계에서는 대부분의 창업자와 오너가 결국 자신이 일군 기업을 모회사에서 분리시킨다. 이는 놀랄 일이 아니다. 즉, 회사가 더 이상 자신이 만들었던 모습이 아니며 더 이상 성취할 것이 없기 때문에 자연스럽게 분리된다. 반면 사람들이 회사를 분열시키고 있는 창업자에게 더 이상 편안함을 느끼지 못하면 창업자는 이들에 의해 강제로 퇴출될 수도 있다.

쳇바퀴에서 빠져나오기

어떤 기업이든 쳇바퀴 단계에 머물러 있는 것은 위험하다. 사실 이 단계의 기업은 제대로 운영만 한다면 한 단계 전으로 돌아가 예측가능한 성공 단계로 갈 수 있다. 그러나 제대로 운영되지 못하면 기업은 판박이라는 다음 단계로 진입한다. 판박이 단계에서는 기업이 상황을 스스로 진단할 능력을 상실해 결국 소멸에 이르는 길을 피할 수 없다.

우리는 10장에서, 기업이 쳇바퀴 단계에서 예측가능한 성공 단계로 돌아갈 때 겪는 기술적 단계를 상세히 살펴볼 것이다. 그러나 경영자는 그렇게 하기로 결정하기 전에 먼저 그 필요성을 알아야 한다. 그리고 바로 거기에 핵심 위험요소가 감춰져 있다.

재미나 급류 등 성장 단계에서 살펴보았듯이 경영자는 "지금 우리 회사가 어느 단계에 있을까?"를 생각하며 시간을 보내지는 않는다. 대신 회사를 성공적으로 경영하기 위해 노력하면서 일상적인 업무를 할 뿐이다. 찬물 속에 들어앉은 개구리처럼 이들 역시 1℃가 상승해도 알아차리지 못한다. 게다가 물이 끓는 지점에 도달할 때까지 냄비 속에서 뛰쳐나오지 않는 개구리처럼 경영자 또한 예측가능한 성공 단계에서 쳇바퀴 단계로 이동할 때에도 변화에 무감각한 채로 평소처럼 일한다.

이전 단계에서도 '개구리에게 가해지는 열의 힘'을 느낄 수 있지만 쳇바퀴 단계에서는 특히 더 위험하다. 이 단계에서는 좋지 않은 소식은 억압되고 감춰지기 때문이다.

쳇바퀴 단계에서는 직원들이 교묘히 자료를 조작하는 일도 만연한다. 또한 목숨을 걸고 업무 절차를 고수하며, 놀랄 일이 없는 기업문화를 만들어간다. 경영자는 부정적인 소식의 기미나 부정적인 상황을 점점 더 허용하지 않는다. 즉, 어떤 식으로든 비판이 허용되지 않는 것이다. 이 때문에 꾸준한 성장과 발전이 어려운 원인은 '창의력과 도전정신, 혁신, 비전이 부족하기 때문'이라고 지적하지 않는다.

좋지 않은 소식은 일반적으로 창업자나 오너의 입에서만 나온다. 그리고 창업자나 오너가 이미 떠나고 없을지도 모른다. 아니면 그들의 이야기를 단순한 비난으로 해석할 것이다. 직원들은 점차 창업자나 오너들을 분열주의자 내지는 악영향을 끼치는 자로 여길 것이다.

그렇다면 쳇바퀴 속에 있는 기업은 어떻게 해야 할까? 어떻게 하면 예측가능한 성공 단계로 되돌아갈 수 있을까?

1. 예측가능한 성공 단계에 있을 때 얼른 시작하라

일부러 과거를 회상하지 않는 한 기업이 어떤 단계에서 다음 단계로 나아갔다는 것을 경영자가 알아차리기는 매우 어렵다. 그러므로 아직 예측가능한 성공 단계에 있을 때 센서를 날카롭게 해두어야 한다. 기업이 쳇바퀴 단계에 빠질 듯한 기미가 보이면 요란한 경보음이 울릴 것이다.

2. 사람을 활용하라

이 과정에서 색다른 절차나 제도를 센서로 채택하고 싶을지도 모른다. 즉, 보고서나 체크리스트, 기업의 건전지수를 나타내는 새로운 경영지표를 도입하고 싶을지 모른다. 그러나 피하려고 노력해야 할 것 중의 하나가 바로 업무 절차와 제도에 대한 지나친 의존이다. 그보다는 사람을 센서로 활용하는 편이 훨씬 더 낫다. 단, 진실을 말할 수 있는 사람이어야 한다. 반드시 본대로 말하는 걸 꺼리지 않고, 나쁜 소식을 감추거나 곤란한 대화를 피할 이유가 없는 사람이어야 한다.

3. 사외이사를 한 명 이상 두어라

쳇바퀴 단계의 센서를 둘 최적의 장소는 바로 가장 높은 자리, 즉 이사회의 자리이다. 영향력 있는 사외이사를 이사회에 두는 이유는 여러 가지가 있다. 또한 그들에게 쳇바퀴로 돌아가려는 징조를 발견하게 하고, 저지하게 하는 것은 기업이 취할 수 있는 가장 좋은 방법 중의 하나이다. 이 일을 효과적으로 진행하기 위해 사외이사로 선임할 사람들은 다음과 같이 최소한의 요건을 갖춰야 한다.

- 경영자에게 꺾이지 않을 강직한 사람.
- 독선적이지 않되 거리낌 없이 말할 수 있는 사람.
- 예측가능한 성공 단계에서 쳇바퀴 단계로 옮겨간 기업에서 일한 경험이 있고, 그 증상을 인식할 수 있는 사람.
- CEO나 다른 경영자의 동료, 측근이 아닌 사람. 사외이사로 활동을 시작할 때 그 기업이나 직원에 대해 잘 모르는 사람이 더 좋다.

4. 세 명의 이사가 외부에서 코칭을 받도록 하라

유능한 경영자는 예측가능한 성공 단계에서 쳇바퀴 단계로 진입했다는 것을 나타내는 징후가 보이면 즉시 행동을 개시한다. 즉, 지표를 보고 내부에 초점을 맞추거나 보수적인 자세를 취하는 것에서 탈피한다. 외부로 눈을 돌려 다시 꿈을 꾸고 창의력을 발휘하며 위험을 감수한다. 기업이 쳇바퀴 단계에 진입하면 대부분의 경영자는 더욱 편협해지거나 보수적인 자세를 취하기 쉽다. 즉, 무언가를 시도하는 데 시간을 보내지도 않고, 자료 분석이나 절차 실행을 위한 지식만 늘려간다.

변화에 대응하고 관리하기 위한 효과적인 방법이 있다. 바로 외부에서 코치를 영입해 최소한 3명의 이사들과 함께 일하도록 하는 것이다. 코치들은 위에서 언급한 사외이사들과 동일한 자격을 갖고 있어야 한다. 단 사외이사가 코치를 겸해서는 안 된다. 두 직책은 전혀 기능이 다르기 때문에 서로 섞이면 기능을 발휘하지 못한다.

5. 1년에 두 번 '집중기간'을 가져라

예측가능한 성공 단계에 이른 기업은 중장기적 전략을 고려할 수 있도록 관리자들에게 정기적인 휴식기를 제공한다. '집중기간'은 이와 반대되는 개념이다. 즉, 집중기간은 기업 내부를 제외한 모든 일에 집중하는 기간으로, 기업의 외부 환경에만 초점을 맞추는 것을 의미한다. 즉, 업계 전반, 주요 경쟁사, 유통망, 기술 변화, 법률 변화, 환경

변화, 사회경제적 변화에 초점을 맞추고 분석하는 기간을 말한다.

집중기간은 전략 개발에 필요한 정보를 제공함으로써 휴식기를 보완해준다. 또한 관리자가 계속 외부로 눈을 돌리기 때문에 조직 내부의 문제에 대해 생각하지 않아도 된다. 기업 활동에 영향을 미칠 수 있는 환경에 대해 창조적으로 생각하게 하고, 기업이 직면한 외부 위협이나 기회를 허심탄회하게 평가할 수 있도록 해준다.

6. 현장 경영(MBWA)을 실천하라

톰 피터스는 〈초우량 기업의 조건〉(1982)을 수 년에 걸쳐 많은 수정 작업을 했다. 소위 그가 말한 '초우량 기업들'이 휘청거리거나 심지어 대거 도산해 버렸기 때문이다. 그가 처음에 사용한 개념 중에는 예측가능한 성공에서 쳇바퀴 단계로 이동하는 것을 막는 강력한 도구인 '걸어 다니는 경영(MBWA)' 개념이 있다.

실제적인 의미에서 봤을 때 이 개념은 특별한 체계를 따르지 않고 관리자와 직속 부하, 관리자와 동료들이 서로 얼굴을 맞대고 소통하는 것을 뜻한다. 이것이 전부이다. 쳇바퀴 단계로 치닫는 기업은 필요 이상의 기술들을 사용한다. 즉, 음성사서함, 이메일, 화상회의, 인트라넷, 엑스트라넷, 소셜미디어 등을 사용한다. 그러나 이러한 기술들은 아이러니하게도 소통의 도구로 활용되지 못한다. 오히려 실제적이고 직접적인 소통을 가로 막는 수단으로 전락하고 말았다.

이는 온라인에서 책이나 신발을 구입할 때와 서점이나 백화점으로 직접 찾아갈 때의 차이와 비슷하다. 구입하고 싶은 물건이 이미 있을 때는 온라인쇼핑이 탁월하다. 반면 실제로 가게를 돌아다니면서 다양한 물건을 직접 살펴봐야 할 때도 있다. 온라인에서는 물건을 서로 비교하기 어렵고, 또한 구매 과정에서 소비자의 변덕을 수용하기도 어렵기 때문이다.

마찬가지로 예측가능한 성공 단계의 기업은 계획이나 체계를 정해두지 않고 직접 얼굴을 맞대고 논의하다가 원석을 발견한다. 반면 쳇바퀴 단계에 도달한 기업은 그런 교류가 점점 단절되어 간다. 이는 회사가 교류를 필요하지 않다고 생각하거나 심지어 원하지 않기 때문이다. 이러한 소통 방식은 정해진 업무 절차, 제도와 어울리지 않기 때문이다.

7. 내부 멘토링 프로그램을 시작하라

쳇바퀴 단계에서 센서로서의 임무를 효과적으로 수행할 수 있는 가장 탁월한 사람들이 있다. 바로 당신의 부하직원들이다. 단 부하직원들이 정직하게 말할 수 있고 처벌을 받지 않는다는 가정 하에서다. 이러한 환경을 제공할 수 있는 최상의 방법은 내부 조언 프로그램을 시작하는 것이다. 이 경우 멘토는 조언을 구하는 사람과 같은 부서나 팀이 아니도록 한다. 직속이라는 제약에서 자유롭게 해야 한다.

멘토링 프로그램은 팀의 역량을 강화하려는 것보다는 개인의 발전에 초점을 맞춘다. 또한 일회성이 아닌 지속성을 갖는다면 기업 내부에 정직한 소통을 위한 견고한 체계가 마련될 것이다. 그 결과 기업이 실제로 쳇바퀴 단계로 표류해가고 있는지를 실제적으로 점검할 수 있게 된다.

8. 휴가와 업무 공유, 순환업무를 권장하라

예측가능한 성공에서 쳇바퀴 단계로 진입하는 핵심 원동력은 '고립'이다. 쳇바퀴 단계에서 경영자는 기업 내부 업무에 치중하면서 업무 절차나 제도를 갈고 닦느라 많은 시간을 사용한다. 일관되게 업무 절차와 제도를 준수하려 하는 것이다. 조사나 분석, 실험에 할애하는 시간은 1순위에서 멀어진 지 오래다. 이러한 경향을 파악할 수 있는 지표는 경영진들이 자신의 책무 외에 어떤 일에 시간을 할애하는지를 살펴보면 알 수 있다.

내가 반대로 말했다고 생각할지 모르지만 전혀 그렇지 않다. 아마도 당신은 "정보관리자는 정보 관련 일을 관리하기 위해 있지 않은가? 재무관리자는 재무를 관리하기 위해 있지 않은가?"라고 생각할 것이다. 그러나 실제로 예측가능한 성공 단계에 머무는 건강한 기업은 다르다. 경영자는 항상 다른 기회, 다른 현실, 다른 해결책, 다른 질문, 다른 대답을 구한다. 그렇기 때문에 예측가능한 성공 단계를 유지할 수 있는 것이다. 쳇바퀴 단계에서 기업은 학습 능력을 잃기 시작한다. 호기심 대신 확실성이, 실험정신 대신 단순 모방이, 시행착오 대신 명령이 그 자리를 대신한다.

이렇게 서서히 경직되어가는 현상에 제동을 걸기 위해서는 정기적인 휴가를 주는 것이 좋다. 당신도 휴가를 떠나라. 그리고 관리자들이 직원들과 업무를 공유할 수 있도록 하라. 단기적으로 업무 순환을 고려해 1명 이상의 관리자들에게 회사의 유통망이나 핵심 고객사, 다른 업계에서 일하는 동료들의 일터에 가보도록 하라.

이렇게 다른 목소리에 귀를 기울이고, 다른 관점에서 볼 때 외부 세계로 향하는 창문을 열었다는 느낌을 갖는다. 이를 통해 기업에 신선한 변화의 소리와 향기, 경험들이 흘러 들어온다. 이 자체만으로도 첫바퀴 단계로의 진입을 막는 단단한 방패가 될 수 있다.

Summary

- 쳇바퀴는 성장의 5번째 단계로 생존싸움, 재미, 급류, 예측가능한 성공 단계 다음으로 찾아온다.
- 업무 절차와 제도에 지나치게 의존하면 쳇바퀴 단계에 접어든다.
- 과잉 절차로 인해 도전정신을 잃고 창의력과 기업가적 열정을 잃는다.
- 이 단계는 좌절감을 느끼거나 자율성을 잃거나 새로운 도전에 나섬으로써 창업자나 오너에게서 먼저 시작될 수 있다.
- 쳇바퀴 단계는 불가피한 것이 아니다. 즉, 기업은 이 단계로 가지 않고 예측가능한 성공 단계에 머물 수 있다. 이를 위해 창의력을 발휘하고 위험을 감수하고, 기업가적 열정을 잃지 않도록 습관화해야 한다.
- 쳇바퀴 단계에 있는 동안 창의력을 발휘하고 위험을 감수하고, 기업가적 열정을 회복하면 다시 예측가능한 성공 단계로 돌아갈 수 있다.
- 그렇지 못할 경우 기업은 이보다 훨씬 더 심각한 판박이 단계로 나아간다.
- 쳇바퀴 단계와 판박이 단계의 가장 큰 차이점이 있다. 쳇바퀴 단계에서는 아직 자가 진단이 가능한 상태여서 스스로 회복할 수 있다. 반면 판박이 단계는 스스로 문제를 진단할 수 있는 능력을 상실한 상태이다.
- 쳇바퀴 단계에서는 회사를 위해 일하는 것이 헛되고 소용없는 것처럼 느껴질 수 있다. 그리고 기능보다는 형식이, 결과보다는 복종이 우선시된다.

7장

판박이

안전한 곳에 틀어박혀 아무 소용없는 일을 한다

"여기에서 부슨 일이 생기든 우리는 이미 준비되어 있다." – 익명

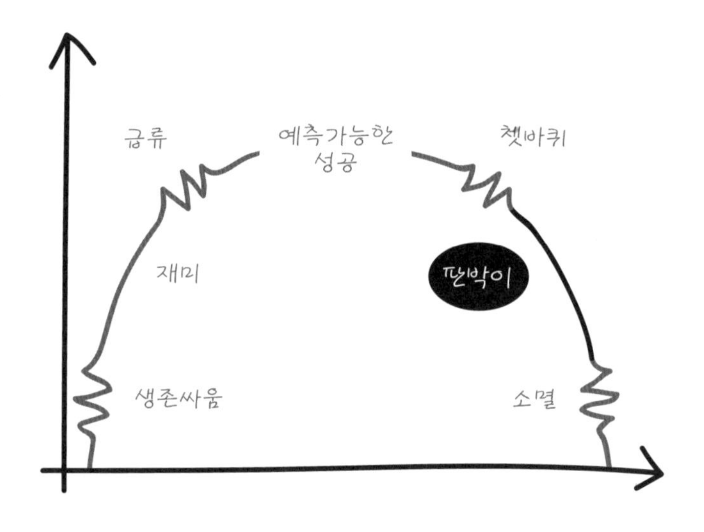

냄새에 이끌려 고객의 회사로 들어가기는 그때가 두 번째였다. 제일 처음 냄새에 이끌렸던 때는 타이어 제조기업의 회계장부를 감사할

때였다. 그때 나던 고무 냄새는 이상하게 싫지도 않았고, 몇 개월 동안 계속 맴돌았다. 이번에는 그때보다 더 좋았으며 상당히 코를 자극했다. 바로 초콜릿 냄새였다. 어느 누구라도 취할 초콜릿 냄새가 짙게 깔려 있었다. GPS가 없던 시절에 나는 이 냄새를 따라 오솔길을 걸어 사탕 제조회사로 찾아갈 수 있었다. 참 효과적인 방법이었다.

영국 북쪽의 작은 마을에 사는 이 지역 주민들은 아마도 오랜 세월 이 냄새에 익숙해져 있었을 것이다. 그러나 처음 찾아온 나에게는, 공기 중에 널리 퍼져 있는 냄새와 사탕 제조공장, 사무실이 꽉 차 있는 풍경을 마주하니 마을 전체가 '공장 마을'처럼 느껴졌다. 거리거리마다 한때 공장 직원들이 살던 주택이 있었다. 공장 주인의 이름이 이곳저곳에서 보였다. 거리 이름, 학교 이름, 마을 병원의 이름에서 공장 주인의 이름을 발견할 수 있었다. 이는 공장 주인의 오랜 선행을 반증해주었다.

나는 넓지만 이상하게도 차가 많지 않은 주차장에 차를 댔다. 나는 차에서 내려 인상적인 디킨스 양식의 화강암 건물을 마주했다. 건물 정면의 외관을 보니 이곳의 일들이 메말라가고 있음을 여실히 느꼈다. 창문마다 작은 스테인드글라스로 장식되어 있었고, 뒤로는 제조공장과 사무실이 있는 것 같았다.

내 앞으로는 아치형 길과 양쪽으로 여는 커다란 문이 보였다. 나는 문을 향해 걸어가 철제 손잡이 앞에 멈췄다. 사람 머리만큼 큰 손잡이에 종이 한 장이 붙어 있었다. 누렇게 변색된 종이에는 빗물이 튀어 있었으며 이렇게 써 있었다. "방문객 여러분, 옆문을 이용해주세요. 배달은 후문으로 오시구요." 정문은 화려했지만 오랜 세월 동안 거의 사용하지 않은 듯했다.

우리는 아무것도 필요없어요

20분이 지난 후 나는 엄청 큰 식당처럼 보이는 방 옆에 있는 대기실에 앉아 있었다. 내 친구가 만나볼 사람이 있다며 한 회사를 소개해주었고 그 회사의 세 남매를 만나려 기다리는 중이었다. 내가 아는 바에 의하면 이 회사는 한때 수십 년 넘게 전국에 걸쳐 사랑을 받았다. 하지만 지금은 판매 중인 상품이 2개에 불과할 정도로 상황은 최악이었다. 두 제품은 원조라는 이름이 붙은 초콜릿과 모양이 이상한 동그란 사탕으로, 나이든 사람들이 즐겨 찾았다.

심지어 손에 넣기도 어려웠다. 재고가 있는 가게를 찾을 수야 있겠지만 그마저도 항상 진열된 것은 아니었다. 이것들은 내가 어릴 때 엄마가 규칙적으로 사주던 그런 종류의 사탕이었다. 그러나 내가 성인이 되고 나서 이 사탕들은 거의 사라졌다. 대규모 다국적기업들이 철저한 마케팅과 함께 구석구석까지 제품을 배송해주기 때문이다.

"만나서 반갑습니다."

갑작스런 목소리에 깜짝 놀랐다. 아직 아무도 대기실로 들어오지 않았기 때문이다. 나는 가만히 서서 멀뚱멀뚱 위를 올려다보았다. 식당의 문이 열렸다. 그러더니 두꺼운 쓰리피스의 울 정장을 입은 키가 꽤 큰 귀족 같은 신사가 나타났다. 그의 뒤로 비슷하게 갖춰 입은 두 사람이 보였다. 한 명은 남자, 한 명은 여자였다. 이들은 커다란 회의실 테이블에 앉았다. 내가 식당이라고 생각했던 그 방은 지금까지 내가 본 것들 중에서 가장 넓고, 가장 오래되고, 가장 격식 있는 회의실이었다.

"편히 앉으세요."

나는 반짝반짝 광이 나고 끝이 보이지 않는 테이블의 가장자리에 있는 높은 의자에 앉았다. 나를 초대한 사람은 자신의 형과 여동생으로 보이는 사람들 옆자리에 앉았다. 저 멀리 반대편 끝자리였다. 청기, 백기라도 들어 의사소통하자는 말인가?

목소리가 울리긴 했지만 잘 들려왔다. 크고 음침한 이 방은 목재 바닥과 화강암 벽으로 만들어져 있었다.

"여기까지 오시느라 불편함은 없었나요?"

"어렵지 않게 찾아 왔습니다."

대강당에서 말하는 것처럼 내 목소리도 앵앵거리며 울렸다. 나는 격식을 갖춰 행동해야 하는 이모나 삼촌을 만나러 온 느낌이 들었다.

"잘됐군요. 이제 제임스가 한 얘기로 넘어가 볼까요?"

제임스는 이 회사의 재무담당 고문으로 나를 추천해준 사람이었다.

"제임스가 말하길, 당신은 현명한 해결책을 갖고 있는 젊고 똑똑한 인재라고 하더군요."

나는 이 말에 어떻게 반응해야 할지 몰라 그저 미소를 지으며 소심하게 고개를 끄덕였다.

"당신에 대해 좋은 말을 많이 하더군요."

형은 그러면서 양옆에 있는 동생들을 번갈아 쳐다보았다. 그는 눈썹을 들썩이며 자신을 대신해서 동생들이 말해주길 바라는 눈치였다. 결국 여동생이 끼어들었다.

"당신과 만나면 우리가 얻을 게 있을 거라고, 제임스가 생각했나 보죠?"

그녀는 질문을 하듯 말끝을 올려 말했다. 제임스의 제안이 조금 당황스러웠다는 듯 그녀는 고개를 잘래잘래 흔들었다. 나는 혼란스러워졌지만 조심스레 입을 열었다.

"제임스가 말하길, 회사가 성장하는 과정에서 몇 가지 문제에 직면해 있다고 하더군요. 브랜드 가치를 회복하고 고객을 다시 확보할 수 있는 방법을 찾고 계시나 보군요. 내가 도움이 될 수 있을 거라며."

반대편 사람들의 듣는 자세를 보니 도저히 말을 이을 수 없었다. 여동생과 형은 꼿꼿이 앉아 전혀 미동도 하지 않았다. 마치 복잡한 2차 방정식 설명을 듣고 있는 것처럼 보였다. 그 옆에서 유일하게 남동생이 반응했다. 그는 천천히 도자기 컵에 들어 있는 차를 휘저었다. 눈썹을 치켜올린 채 무시하는 것처럼 억지웃음을 지었다. 나는 차라리 아무 말도 하지 않는 게 좋을 거라고 생각했다. 마침내 남동생이 이야기를 꺼내려는지 나를 유심히 쳐다보았다.

"어떻게 말해야 할지 모르겠지만… 제임스는 좀 과장해서 말하곤 하죠. 저희는 당신이 금방 말한 것이 필요하지 않다고 생각해요."

옆에 있던 남매가 보이지 않을 정도로 고개를 살며시 끄덕였다. 모두가 같은 생각인 것 같았다.

1908년 이후부터 지금까지 계속?

그 후 20분은 매우 고통스러운 시간이었다. 나는 그들의 회사가 어떤 위치에 있는지, 내가 무엇을 도울 수 있을지, 그들이 정말로 도움을 원하고 있는지 파악하려고 노력했다.

시장점유율이 감소했냐고 물었을 때 그들은 "우리는 생산한 제품 모두를 판매합니다"라고 대답했다. 배송체계를 일관성 있게 유지하는 데는 문제가 없냐고 물었을 때 "물건을 납품할 때 도매상들이 불평하는 걸 한번도 듣지 못했습니다"라고 대답했다. 판매 타깃인 나이 든 사람들에게 어떤 관심을 갖고 있냐고 물었을 때 "1908년부터 팔고 있는데요, 뭘"이라고 대답했다. 거대 기업들에 가려져 손해를 보고 있냐고 물었을 때 "1908년부터 제품을 팔고 있다니까요"라고 다시 대답했다. 나는 마치 피고를 변호하기 위해 증인을 추궁하는 검사가 된 느낌이었다. 게다가 그들은 검찰에 전혀 우호적이지 않은 증인들이었다.

마침내 한 가지 질문만이 남았다. "제 도움이 필요하다고 생각하는 부분이 있나요?" 나는 좌절감이 극에 달했다는 사실을 드러내지 않으려 애써 침착하게 물었다. 그들은 조금 전에 그랬듯이 허공을 바라봤다가 천천히 서로를 바라봤다. 나의 집요한 질문에 황송하게도 누가 대답할지를 기다리고 있었다. 이윽고 맏형이 나이에 대한 책임감을 안고 대답했다.

"도와주실 게 없다고 생각합니다. 그러나 질문해주신 것은 감사합니다. 즐겁고 깨달음이 있는 시간이었습니다."

목소리 톤이 빈정대는 투인지를 간파하려 노력했지만 다행히 빈정대지는 않았다. 가방을 챙겨 나가려 하자 맏형이 일어서서 배웅해주었다. 우리는 문을 향해 걸었다. 그러나 나는 도저히 참을 수 없어 결국 묻고야 말았다.

"한 가지만 더 대답해주세요. 여러분들이 말씀하신 것처럼 아무런 문제가 없다면 왜 저와 만나겠다고 하셨죠?"

이번에는 여동생이 나서서 대답했다.

"때때로 사업을 하려면 관례라는 것이 어느 정도는 필요하지 않겠어요? 외부의 관점을 가진 사람과 이야기해보는 것이 좋겠다고 생각했습니다. 우리가 제대로 하고 있는 것이 맞는지 파악하기 위해서죠. 당신과 짧게나마 대화하는 동안 충분히 파악했다고 생각합니다."

나는 밖으로 나와 차 문을 열면서 우중충한 건물을 다시 돌아보았다. 마침 비가 내리기 시작해 배경은 훨씬 더 어두컴컴했다. 갑자기 이러한 생각이 들었다. '그래, 여자가 한 말이 맞구나. 모든 기업은 때

때로 약간의 관례라는 것이 필요해. 이는 심지어 예측가능한 성공 단계에 있는 기업에게도 필요하지. 그러나 이것은 별개의 문제야. 이 회사는 성공으로 가기 위한 '약간의 관례'에 따르는 정도가 아냐. 이들은 지금 심각한 단계에 머무르고 있어. 이 단계는 매우 위험해.'

이 회사는 내가 '판박이'라고 부르는 단계에 이르러 있었다.

판박이란 무엇인가

판박이는 기업의 라이프사이클에서 6번째, 즉 끝에서 2번째 단계로, 생존싸움, 재미, 급류, 예측가능한 성공, 쳇바퀴 다음에 찾아온다. 이후의 단계에 남은 것은 소멸뿐이다.

기업이 일단 이 단계에 이르면 창조성을 발휘하거나 위험을 감수하려는 의욕을 완전히 잃어버린다. 대신 지난날의 경영방식을 유지하고 작은 개선에 초점을 맞춘다. 판박이 단계에 이르면 경영자들은 자신의 입장에서만 생각한다. 즉, 자신이 해온 방식 덕분에 기업이 성공했다고 생각한다. 또한 기존의 업무 절차와 제도에 변화를 주지 말아야 한다는 소신을 갖는다.

판박이 단계에 빠진 기업이 가장 중요하게 생각하는 것은 소비자가 아닌 기업 자체이다. 최악의 경우 고객은 혼란스럽게 만드는 장본인으로 여겨지고, 무엇이 최선인지를 말해줘야 아는 무지한 사람들로 여겨진다. 반면 직책이나 주차 공간, 사무실 크기, 경영자의 특권 등 내부 문제들은 고객만족보다 훨씬 더 중요하게 여긴다.

판박이 단계에 빠진 기업은 고객과 공급자에게 권위적인 태도를 취한다. 심지어 은전이라도 베푸는 것처럼 생색을 낸다. 이들은 종종 시장에서 독점적인 지위를 갖고 있거나 혹은 최소한 튼실한 재무구조를 유지한다. 그렇기 때문에 특별한 파멸의 징조가 보이기 전까지는 그런 태도를 유지할 수 있다. 적어도 돈이 바닥나기 전까지는.

기업은 어떻게 판박이 단계로 빠지는가

일단 판박이 단계에 빠지면 소멸 단계로 나아가는 것은 시간문제이다. 그렇기 때문에 이 단계는 가장 위험한 단계라고 할 수 있다. 그럼에도 불구하고 판박이 단계에 빠지는 이유는 편안하다는 거짓 속삭임 때문이다. 이 단계는 쳇바퀴에 계속 머물 때 빠져들게 된다. 쳇바퀴 단계에서 너무 오랫동안 머물러 있으면서 동시에 여러 중대한 변화들을 겪으면 기업은 판박이 단계로 갈 수박에 없다.

1. 핵심 직원들이 빠져나간다

예측가능한 성공 단계에서 쳇바퀴 단계로 이동할 때 회사는 성공을 일궈낸 핵심 인재들을 떠안고 간다. 여기서 핵심 인재란 예측가능한 성공 단계에서 요구되는 민감한 균형 감각을 가진 직원들을 말한다. 즉, 비전을 갖고 기꺼이 위험을 감수하는 직원과 창의적인 열정가들

뿐 아니라 경영진과 관리자들을 의미한다.

그러나 쳇바퀴 단계로 나아가는 동안 가장 먼저 절망하는 사람들도 기업가적 열정을 지닌 직원, 창조적이고 위험을 기꺼이 감수해온 직원들이다. 이들은 쳇바퀴의 영향에 쉽게 동요하지 않는다. 하지만 쳇바퀴 단계가 오랫동안 지속되면, 즉 1년 이상 지속되면 기업가적 열정을 가진 많은 직원들은 회사를 떠나기 시작한다. 물론 떠나간 직원들과 함께 창조성과 미래지향적 마인드도 함께 떠난다. 회사의 창업자나 오너도 떠나는 사람에 속할 수 있다.

2. 창의성, 위험감수, 비전, 열정이 모두 사라진다

결국 창의력과 비전은 씨가 마른다. 오히려 회사는 독창성과 위험감수를 못하게 방해하고, 복종과 절차 준수에 대해서는 보상을 한다. 의사결정을 위해서는 오랜 고통의 시간과 상투적인 업무 절차를 거쳐야 한다. 대부분의 직원들은 연례 예산집행 과정을 제외하면 경영진의 승인을 필요로 하는 일들을 회피한다.

이 단계에 있는 기업은 전략이나 제품, 마케팅 프로그램 등 새로운 도전을 하지 않는다. 또한 시장에서 확실하게 입증된 기술 변화 등에 대해서만 관심을 갖는다. 그 결과 판박이 단계에 빠진 기업은 오랫동안 경쟁사들의 꽁무니만 따라간다.

3. 고객에 대한 관심 대신에 내부 문제에 집착한다

기업이 혁신이나 위험감수에 관심을 잃으면 독창적인 비전도 함께 잃게 되며, 고객에 대한 관심 또한 잃는다. 이러한 점에서 판박이 단계에 빠진 기업은 재미 단계에 거울을 비추듯 정확히 반대되는 행동을 취한다. 재미 단계에서 기업은 고객의 요구를 파악하며 전적으로 외부에 초점을 맞춘다. 그 결과 내부 체계는 큰 의미를 갖지 않는다. 반면 판박이 단계에서 기업은 기업 내부의 요구에 초점을 맞춘다. 그 결과 고객에 대한 실제적인 관심을 끊는다.

물론 판박이 단계에 빠진 기업은 오랜 시간에 걸쳐 앞의 모든 단계를 겪으면서 이 단계에 도달했기 때문에 당연히 마케팅 부서가 있다. 홍보 부서와 고객서비스 부서도 있다. 시간이 지날수록 기업은 '고객중심', '미래지향' 등을 운운하면서 고객에게 립서비스를 제공할 방법을 모색한다. 그러나 내부적으로는 여전히 고객을 등한시한다. 극단적인 경우, 일상 업무를 처리하는 데 방해하는 성가신 존재라며 경멸의 대상이 된다.

4. 좌절하는 대신 스스로 만족한다

쳇바퀴 단계에서 기업이 구제될 수 있는 방법은 바로 경영자가 좌절감을 느끼는 것이다. 즉, 좌절감을 느끼고 방향을 전환해서 예측가능한 성공 단계로 되돌아갈 수 있다. 반면 판박이 단계에 빠진 기업의 경우, 경영자는 회사가 나아가는 방향에서 안락함을 느낀다. 이들은 또한 자신의 몫과 미래에 대해서도 만족한다. 판박이 단계를 정의할 수 있게 하는 것, 그래서 불가피하게 소멸과 망각 단계로 나아가게 하는 것, 그것은 단 하나 자기만족이다.

자기만족의 본질

판박이 단계에서 빠져나오기는 매우 어렵다. 일단 이 단계에 도달한 조직은 대부분 다시는 빠져나오지 못한다. 거의 대부분의 경우 조직을 구할 수 있는 마지막 희망은 쳇바퀴 단계에서 끝난다.

앞서 살펴보았듯이, 판박이 단계로 빠지는 핵심 이유는 경영자가 자기만족의 자세로 상황을 바라보기 때문이다. 이들은 회사가 비참한 궁지에 몰려 있다는 사실을 파악하지도 못할 뿐더러 보려고 하지도 않는다. 거기에는 몇 가지 본질적인 이유가 있다.

1. 기업은 독점적 시장점유율을 갖고 있다

기업이 만약 예측가능한 성공에서 탁월함을 보여준다면 시장에서 독점적인 지위(혹은 독점에 가까운 지위)를 쌓을 수 있다. 이럴 경우 경쟁자가 없기 때문에 자기만족에 빠져 조직을 판박이 단계로 진입시킨다. 이러한 예에서 볼 수 있듯이, 조직이 예측가능한 성공 단계에서 판박이 단계로 이동하는 시간은 비교적 단기간에 진행된다. 그렇기 때문에 쳇바퀴 단계를 통과하는 과도기는 매우 짧다.

2. 회사는 현금자산이 풍족하다

심지어 독점적 지위가 없더라도 오랫동안(아마 수십 년 동안) 쳇바퀴 단계에 빠지지 않을 수 있다. 그리고 이미 상당한 양의 현금을 보유하고 있기 때문에 쳇바퀴 단계에 빠지더라도 현금이 쿠션 역할을 하면서 충격으로부터 조직을 보호한다. 이 경우 회사가 곤경에 빠지고 있다는 신호가 즉각 나타나지 않기 때문에 경영자들이 자기만족에 빠지는 것이다.

3. CEO들이 과도한 보상을 받는다

앞의 두 내용 혹은 그중 한 내용(독점적인 지위, 현금 부자)과 함께 찾아오는 것에는 원인이 있다. 즉, CEO는 너무 많은 돈을 챙긴다. 그러므로 이들이 조직을 변화시킨다거나 회사에 급진적인 제안을 함으로써 평지풍파를 일으켜 얻을 것은 별로 없다.

이러한 상황은 상장기업, NGO, 비영리조직 등 CEO가 회사의 오너가 아닐 때 일어나기 쉽다. 이 경우 CEO는 경영진의 급여에 대한 효과적인 감독체계를 없애고 조직이 성과에 걸맞는 보상을 받고 있는지 조사할 수 없게 만든다. 또한 이러한 상황은 오너와 경영자가 가족인 족벌기업에서도 자주 발생한다. 이때도 보상체계에 대한 독자적인 감시체계가 결여된다.

4. 족벌기업으로, 2대가 경영한다

종종 기업이 판박이 단계로 빠지는 것은 단순하게도 오너가 회사를 위해 무엇을 해야 할지 모르기 때문이다. 특히 외부인에 의한 경영을 거부하는 족벌기업일 경우, 단지 자식에게 회사를 물려주는 것만으로도 자기만족이 생긴다. 그리고 이 만족감 때문에 회사를 쳇바퀴 단계에서 판박이 단계로 몰아넣는다.

일반적인 순서는 다음과 같다. 비전과 기업가적인 열정으로 똘똘 뭉친 1대 경영자가 기업을 만들어 온갖 노력 끝에 재미 단계의 정상까지 올린다. 만약 운도 따르고 열심히 일한다면 금세 예측가능한 성공 단계에 이른다.

이어 2대 경영자는 대단한 비전은 없지만 어쨌든 기회를 붙잡아 부모의 성공을 이어가려 한다. 이때 이들은 예측가능한 성공에 도착해서 머무르기 위해 업무 절차와 제도를 도입한다. 3대 경영자는 아는 것이라곤 업무 절차와 제도뿐이다. 그래서 예전에 하던 방식을 '헹궈서 다시 사용하기'를 반복한다. 그 결과 조직이 쳇바퀴를 넘어 판박이 단계에 이르게 만든다.

물론 이와 반대되는 경우도 많다. 즉, 아들이나 딸, 손자가 죽어가던 기업을 일으켜세워 새로운 성장점에 도달시키는 것이다. 그러나 통계상 이러한 일은 드물다.

판박이 단계에서 벗어나기

우리가 함께 살펴보았듯이, 조직이 판박이 단계에서 빠져나오기는 어렵고, 그런 일도 거의 일어나지 않는다. 억지로라도 자기만족에서 벗어나 쳇바퀴와 예측가능한 성공 단계로 다시 돌아가기 위해 엄청난 노력을 해서 변화를 이뤄낼 수 있을까? 이는 달리 표현하자면, 히스테리가 심한 사람의 뺨을 찰싹 때려 정신 차리게 만드는 것과 같다. 그렇다면 이렇게 정신을 차릴 수 있게 만들 강력한 무기는 무엇일까.

인수합병 판박이 단계의 기업은 종종 매력적인 인수 대상이 된다. 아이러니하게도 첫 번째 이유는 높은 시장점유율을 갖고 있으며, 현금이 풍부한 재무구조 그리고 경영자에 대한 막대한 보수를 들 수 있다. 이 판박이 단계의 기업을 인수합병하고, 경영체계를 바꾸고, 머리부터 발끝까지 기업에 활력을 주입하고, 제도에 날카로운 칼날을 댐으로써 소멸 단계로 가는 것을 막을 수 있다. 이는 가장 일반적인 방법이다.

갑작스런 붕괴가 임박해 있을 때 조직은 매우 그리고 흔히 재난에 가까운 붕괴에 직면할 가능성을 갖고 있다. 이러한 붕괴는 경영자가 자기만족에서 벗어나도록 근본부터 뒤흔든다. 가장 일반적인 예로는 급격한 기술 변화나 법률적 변화는 기업의 유리했던 판도를 완전히 바꿔버리는 것이다. 이렇게 되면 가장 자기만족에 빠져 있는 경영자조차도 임박한 재앙의 조짐을 깨닫는다. 1980년대에 법률이 바뀌면서 담배시장이 충격에 빠진 것을 예로 들 수 있다.

예기치 않은 행운 예기치 않은 행운은 일어날 가능성이 희박하지만 이러한 상황이 일어나면 즐겁다. 이는 조직에 속한 누군가가 음침한 지하실에서 틀을 깨고 박차고 나와 다시 비전과 열정에 이끌려 상품(서비스)을 개발할 때 예기치 않게 찾아온다. 물론 이러한 상황에서 지나치게 창의적인 행동을 한 직원은 해고를 당할 것이다. 하지만 아주 가끔은 만족감에 잔뜩 취해 있는 경영자조차도 새로운 움직임에 눈길을 준다.

엄청나고 권위적인 임무 부여 족벌기업에서 가장 일반적으로 사용하는 방법이다. 공공기업에서는 이러한 경우가 없다. 또한 가장 드물게 사용되는 무기이기도 하다. 권력과 권위를 가진 사람이 경고음을 접한 다음 기업의 멱살을 붙잡고 제기능을 하도록 돌려놓을 때 사용하는 방법이다. 이는 권력을 가진 사람이 직접 하거나 대리인을 통해 간접적으로 할 수 있다.

판박이 단계로 떨어진 조직을 구성하는 거대한 힘은 기업이 시도하는 방향과 정반대로 향하도록 쉽게 바꾸어 놓는다. 이 때문에 위의 방법은 실제로 거의 사용되지 않고 성공하지도 못한다. 판박이 단계에서 변화를 추구하는 사람은 막대한 자원과 권력, 권한, 인내심이 있어야 한다. 기존의 관리자들 대부분 혹은 전부를 제거하기 위해서는 적어도 탁월한 경영 능력이 필요하다.

Summary

· 판박이 단계는 기업의 라이프사이클 중에서 6번째, 즉 뒤에서 2번째로 오는 단계로, 생존싸움, 재미, 급류, 예측가능한 성공, 쳇바퀴 다음에 찾아온다.

· 조직의 존재 이유가 고객 덕분이라는 생각을 하지 않을 때 판박이 단계가 찾아온다.

· 판박이 단계에 속한 대부분의 조직은 존재해야 할 첫 번째 이유가 조직 자체의 생존이라고 생각한다. 즉, 자기 존속을 위한 기업으로 전락한다.

· 판박이 단계에 속한 조직에는 관료주의자와 행정가들만이 남는다. 미래지향적이고 실전에 투입되는 운영자들은 절망감을 느끼고 회사를 떠난다.

· 쳇바퀴 단계에서는 조직이 창의력과 비전을 잃으면서 절망감이 생기는 반면 판박이 단계에서는 창의력과 비전을 적극적으로 억제시킨다.

· 조직이 판박이 단계에 빠지면 자가 진단능력을 잃는다. 거대한 외부 세력의 개입만이 최종 관문인 소멸로 가는 길을 막을 수 있다.

· 판박이 단계에 빠진 기업은 종종 풍부한 현금 자산을 보유하고 있으며 높은 시장점유율을 갖고 있다. 그렇기 때문에 이 단계에서 빠져나오기 어렵다.

· 관료주의적 마인드를 가진 직원은 판박이 단계에 빠진 조직에서 일할 때 보람을 느낀다. 결과지향적인 직원은 회사에 결코 머물려 하지 않는다.

8장

소멸

찬란한 영광이 조용히 사라지다

"당신이 죽으면 당신은 삶에서 매우 중요한 부분을 잃는 것이다." – 브룩 쉴즈

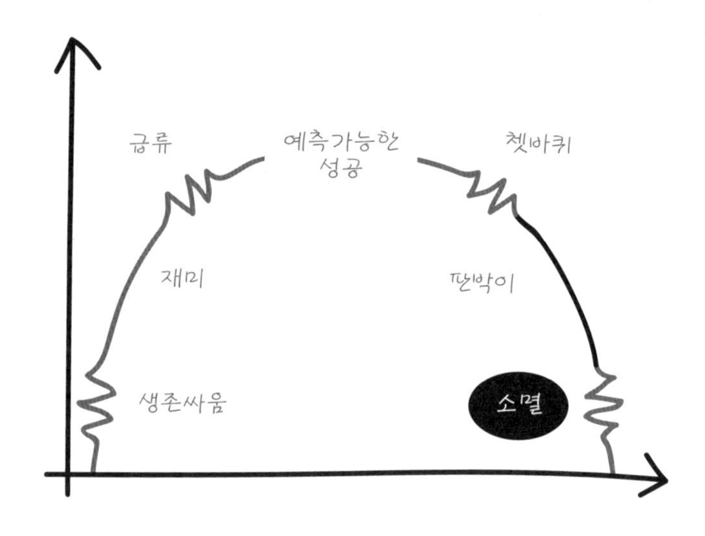

기업의 마지막 단계인 소멸 단계를 지켜본다는 것은 결코 즐겁지 않으며 유익한 것도 거의 없다. 나는 많은 회사들의 소멸을 지켜보면

서 이러한 결론에 도달했다. 그중의 두 번은 내가 운영하던 회사였기에 고통스러운 과정을 상세히 기억한다.

그렇기 때문에 소멸 단계에 관해서는 짧게 다루고 넘어간다. 왜냐하면 이 시점에서는 조직의 운명을 바꾸기엔 이미 너무 늦어버렸기 때문이다. 조직이 인사불성 상태에 빠지는 것을 막기 위해서는 지금보다 이전에, 즉 최소한 판박이 단계에서, 더 나아가서는 쳇바퀴 단계에서 무언가를 했어야 한다.

결국 소멸을 맞을 수밖에 없다

기업에 얼마나 많은 자금이 있든, 시장을 얼마나 차지하고 있든 혹은 경영진의 보수 수준이 얼마나 대단하든 머지않아 판박이 단계의 시간도 끝난다. 몇 달 만에 끝이 날 수도 있고 한참 걸릴 수도 있다. 판박이 단계에 백년 가까이 머물러 있는 기관을 본 적이 있다. 이 단계에서는 이제까지 설명한 현상들이 나타나지 않을 수도 있다. 그러나 다음 중의 한 가지 상황이 연출될 수 있다.

자원이 고갈된다 판박이에서 소멸 단계로 진입하는 가장 큰 이유는, 단순하게도 자원(종종 현금)이 고갈되기 때문이다. 오랜 시간 고객에게 무관심해왔기 때문에 상품(서비스)을 파는 일이 갈수록 어려워진다. 그래서 혁신 능력이 결여된 경영자가 선택할 수 있는 단 하나의 방법은 가격을 인하하는 일이다. 조직은 문제를 보류한 대가로 수익성을 잃는 것이다. 결국 수요가 다시 곤두박질치고 경영자는 다시 한 번 가격을 내려야 한다. 그는 금고에서 돈이 마를 때까지 계속 이 과정을 되풀이하다가 결국 여지없이 문을 닫는다.

기술력이 시대에 뒤떨어진다 경영자는 기술을 개발하기 위해 위험을 떠안는 것을 꺼리고, 새로운 기술이 업계에서 확실히 인정받을 때까지 기술 도입을 미룬다. 이 때문에 벌려놓았던 일들은 급격한 기술 변화로 인해 금세 시대에 뒤떨어진다. 일례로 카세트나 카세트 액세서리 제조회사가 CD나 DVD 기술 도입을 거부했을 때도 발생했다.

시장이 사라진다 고객은 관심을 받지 못하는 상황을 좋아하지 않는다. 기업이 견실한 재무구조를 갖고 있건, 상품이 아무리 훌륭하건 고객에게 오랫동안 무관심하면 결국 고객은 떠난다. 1970~80년대에 걸쳐 미국의 자동차 업계는 이러한 치명적인 과오를 저질렀다. 그 결과 빠른 속도로 자동차들이 수입되기 시작했고 미국 자동차산업은 빛을 잃어버렸다.

이제 당신의 선택만 남았다

경영자의 선택 범위가 서서히 고갈되다가 결국 소멸 단계에 이르면 잠시 정신없는 시간을 보낸다. 변호사를 선임하고, 회생 중개자는 아무런 의미 없는 일을 위해 동분서주하고, 은행에서는 최후통첩이 날아오고, 새로운 자금줄을 찾아 이리저리 헤맨다. 그러나 다음의 절차를 밟아 결국은 소멸된다.

회사 처분 판박이 단계에서 설명한 인수합병과 혼동하면 안 된다. 인수합병은 회사를 살리기 위한 수단이다. 그러나 여기서는 회사가 생존할 여지가 남아 있지 않다. 단지 오너에게 건네질 몇 푼을 더 건짐으로써 경영자가 체면을 세우기 위한 과정일 뿐이다.

부도를 통한 파산 이는 위에서 언급한 처분과 함께 기업이 비참한 상태에서 빠져나올 수 있게 하는 법률적 절차이다. 마찬가지로 판박이 단계에서 언급한 파산과 혼동하면 안 된다. 판박이 단계의 파산은 전반적인 법률 과정을 통해 회복을 모색하는 것이다. 그러나 소멸 단계의 파산은 변화와 혁신을 일으킬 힘이 없으며, 단지 멸망에 직면한 회사에 마지막 법률 절차를 밟는 것일 뿐이다.

Summary

- 소멸은 기업의 라이프사이클에서 7번째, 즉 마지막 단계로 생존싸움, 재미, 급류, 예측가능한 성공, 쳇바퀴, 판박이 단계 이후에 찾아온다.
- 판박이 단계의 마지막 시점에서 조직의 자원이 마침내 고갈되거나, 기술과 소비자의 변화로 인해 시장이 사라지거나, 회사가 더 이상 고객의 요구를 충족시켜주지 못할 때 찾아온다.
- 소멸 단계에서는 브랜드 이름을 포함해 회사 자신을 처분하거나 부도를 내는 방법을 통해 파산의 형태를 취할 수 있다.

2부

도착

예측가능한 성공에 머물기

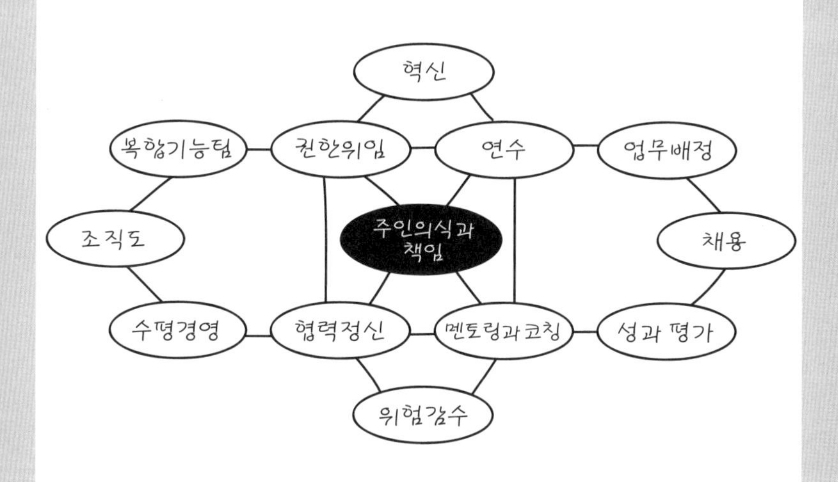

9 장

난관을 뚫고

급류를 헤치고 예측가능한 성공으로

"사람의 마음을 바꾸는 유일한 방법은 꾸준함이다." – 잭 웰치

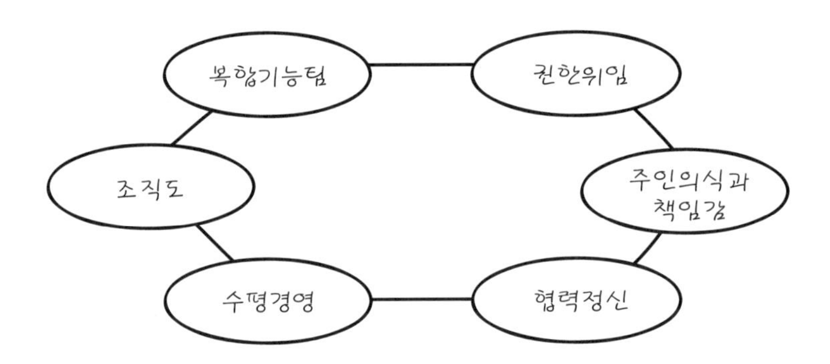

1부에서 살펴본 것처럼 급류에 빠진 회사를 예측가능한 성공으로 이끄는 방법은 단 하나다. 경영자는 가장 먼저 회사를 안정화시켜야 한다. 또한 효율적인 절차와 제도가 필요하다는 것을 인식하고 이를 실행에 옮겨야 한다.

그렇다면 경영자가 가장 먼저 초점을 맞춰야 할 절차와 제도에는 어떤 것들이 있을까? 급류에 빠진 회사의 복잡성은 어디서부터 풀어나가야 좋을까? 어떤 절차와 제도가 예측가능한 성공으로 이끄는 가장 빠른 길일까? 또한 절차와 제도에 과도하게 집착함으로서 쳇바퀴 상태로 돌아가는 것을 피하려면 어떻게 해야 할까?

모든 회사마다 처한 상황은 다르다. 따라서 위의 질문들에 대한 답 또한 회사마다 달라진다. 급류에서 예측가능한 성공 단계로 올라서는 회사마다 각각 '손에 넣기 쉬운 열매'가 있다. 다시 말해 회사에 따라 당장 필요로 하거나 또 해당 회사에만 적용할 수 있는 절차와 제도가 있다. 예를 들어 어떤 회사는 재고관리시스템이나 배송조회시스템이 시급할 수 있다. 또 어떤 회사는 당장 매출을 끌어올려야 할 수도 있다.

자사에 적합한 절차와 제도를 실행하는 것이 매우 중요하다. 하지만 그것이 곧바로 급류에 빠진 회사를 예측가능한 성공 단계로 끌어올리지는 못한다. 성공 단계로 끌어올리려면 어떤 하나의 비즈니스에 적합한 절차와 제도가 필요한 것은 아니다. 급류에서 벗어나려면 근본적이고 기본적인 절차와 제도가 필요하다.

복잡성의 극복

급류에 휘말린 회사가 직면하는 가장 근본적인 문제는 복잡성을 다루는 것이다. 비즈니스가 재미 단계에 있을 때는 모든 것이 비교적 순탄하다. 직원수도 적고 경영자가 직원들을 직접 살필 수 있고, 생산라인도 단순하고, 고객과 공급자 수도 많지 않았다. 전반적으로 유동적인 측면이 적었다. 그러나 비즈니스가 성장하면서 사람과 상품수가 늘어나고 명료함이 줄어들어 점점 복잡해진다. 그러다 결국 자신도 모르게 급류에 휩쓸린다.

회사를 급류에서 끌어올리기 위한 절차와 제도를 확인하려면 다음 질문에 대답할 필요가 있다. 언제부터 회사가 복잡해지기 시작했고 무엇이 변했는가? 다시 말해 복잡한 회사는 단순한 회사에 비해 업무가 어떻게 달라졌는가?

위의 질문에 대한 대답은 복잡한 조직을 이끌어본 사람이라면 금방 안다. 바로 의사결정이다. 의사결정과 실행은 단순한 회사보다 복잡한 회사에서 훨씬 더 어렵다. 재미 단계에서는 의사결정이 빈번하고 거의 즉각적으로 이뤄지며 주로 직관에 의존한다. 또한 결정에 따른

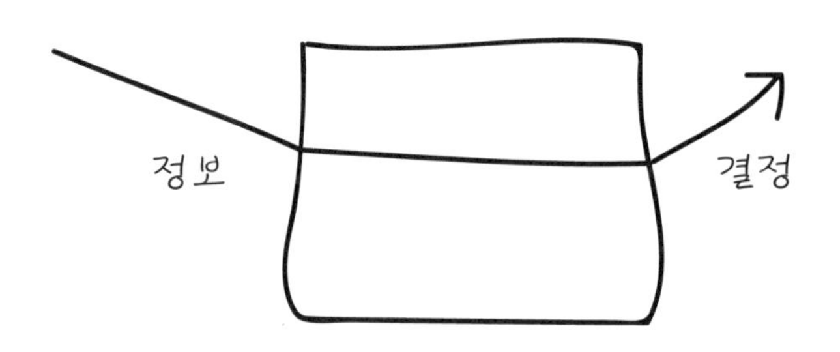

그림 9-1 재미 단계의 의사결정

실행도 빠르고 명료하며 결과도 분명하다. 그리고 만약 예상한 결과를 얻지 못하면 만족스러운 결과를 얻을 때까지 계속해서 새로운 시도를 한다. 따라서 재미 단계에 있는 회사는 유연하고 반응도 빠르고 고객의 요구에도 즉각적으로 대응한다.

그러나 회사가 일단 급류의 복잡성에 부딪히면 의사결정 과정은 달라진다. 우선 결정해야 할 사항들이 늘어나고, 그에 따라 그것들을 뒷받침할 자료의 양도 크게 늘어난다. 과정에 참여하는 사람의 숫자도 배로 늘어나는 데다가 언제 누구를 포함시킬 것인지도 분명하지 않다. 또한 처음과 달리 두세 단계는 더 거쳐야 결정사항을 실제로 실행할 책임자와 연결된다.

결과적으로 급류 단계에서는 일처리에 걸리는 시간이 크게 늘어난다. 우선 의사결정의 필요성을 인식한 뒤에 의사결정이 내려진다. 그런 다음 결정된 사항을 실행하고 그에 따른 효과를 평가받아야 한다. 이렇게 효과적인 의사결정이 점점 더 어려워지고 느려지기 때문에 최

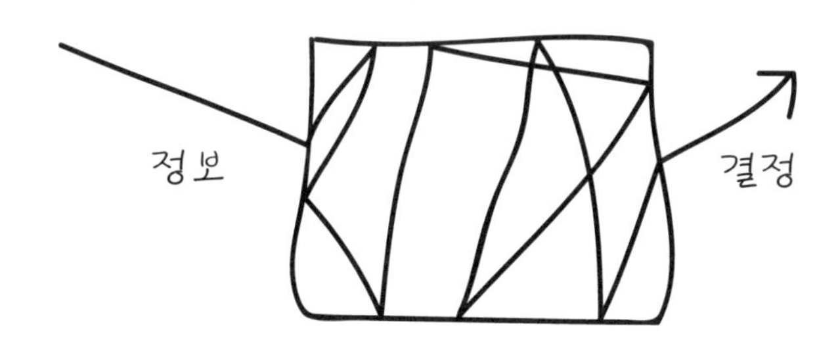

그림 9-2 급류 단계의 의사결정

악의 경우는 멈춰버리기도 한다.

급류 단계에서는 완벽하고 훌륭해 보이는 결정이 실행되지 않고 사라져버리는 극단적인 상황이 발생할 수 있다. 혹은 높은 기대치를 갖고 실행했지만 효과가 나타나지 않을 수도 있다. 그러면 회사는 혼란에 빠지고 활력을 잃어가며, 고객의 요구에 즉각적으로 대응하지 못한다. 경영자는 이러한 상황에서 큰 좌절감을 느낀다.

의사결정 시스템의 구축

그래서 급류를 헤치고 예측가능한 성공으로 올라서려면 의사결정과 실행을 위한 새로운 절차와 제도가 필요해진다. 동시에 그러한 의사결정 구조는 회사 내부에 새롭게 출현하는 복잡성을 통제할 수 있어야 한다.

이를 위해 경영자는 다음과 같은 사실을 깨달아야 한다. 재미 단계의 자유분방하고 직관적인 의사결정 과정은 급류에 빠진 더 크고 복잡한 회사에서 더 이상 효과적이지 않다. 경영자의 과제는 의사결정을 위한 새롭고 조직적인 절차를 만드는 것이다. 변화 없이 딱딱하고 관료적인 절차가 아니라 비전, 열정, 창의력, 위험감수, 회사의 성장을 촉진했던 기업가적 열정을 모두 포함할 수 있는 절차가 필요하다.

이러한 새로운 의사결정 구조와 절차를 만들기 위해서는 모든 것을 바꿔야 한다. 지금까지 창업자의 직관이나 전문성, 지혜와 지식에 의

존했다면, 이제는 창업자 개인의 방식에서 벗어나야 한다. 즉, 한 사람에게 의존하지 않고서도 경영할 수 있는 독자적이고 효과적인 체계를 구축해야 한다. 회사가 스스로 의사결정을 내리는 체계가 되어야 하는 것이다.

다음은 의사결정 방식을 변화시키기 위한 절차와 제도가 반드시 도입되어야 할 6가지 주요 분야이다.

1. 조직도

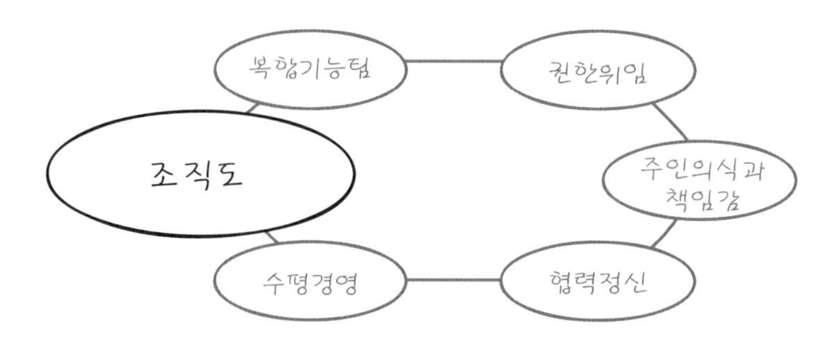

급류 단계에 있는 회사의 조직도에는 ―만약 그 회사가 조직도라는 걸 갖고 있다면― 대개 핵심 직위와 직위 간의 상하관계가 나타난다. 그러나 조직도만으로는 그 회사가 '실제로' 어떻게 경영되는지는 아무도 알 수 없다.

다시 말해, 급류 단계에 있는 조직도를 보면 회사의 핵심 인물이 누구이고, 그의 직책이 무엇이고, 누가 누구의 상사인지 알 수 있다. 그러나 실제로는 조직도와 관계없이 회사가 운영된다.

급류 단계에서 실제 의사소통은 조직도와 다른 방향으로 흐르고 조직도 밖에서 이뤄지기도 한다. 사실 대부분의 의사결정은 창업자의 핵심 고문으로 이루어진 소수 측근들의 영향을 많이 받는다. 그리고 결정된 사항은 직원들에게 독단적으로 전달된다. 이러한 권력의 측근은 조직도에 나타날 수 있고 전혀 나타나지 않을 수도 있다. 조직도에 나타나더라도 어디서 나타날지 알 수 없다.

급류 단계에서는 직위에 따르는 책임을 실제로 이행하는 데 필요한 권한이 주어지지 않는다. 또한 경영진회의는 창업자의 기분이나 약속에 따라 계획대로 열리지 않는 경우가 많다. 게다가 회의에서 이미 결정된 사항도 창업자의 측근에 의해 바뀔 가능성이 다분하다.

급류에서 벗어나 예측가능한 성공으로 가기 위해서는 경영자가 이론과 현실 사이의 불일치를 인식해야 한다. 그리고 3가지 평범하지만 필수적인 변화를 실행함으로써 예측가능한 성공으로의 여정을 떠날 수 있다. 이것은 물론 창업자의 전적인 지지가 필요하다.

1) 실제 경영을 반영하는 조직도를 구축하라

이것은 예측가능한 성공에 도달하는 데 있어 필수적인 첫 단계이다. 조직도가 반드시 절대적인 권력과 지위를 반영하는 것은 아니다. 마찬가지로 이론화된 교과서에 나올 법한 이상적인 위계구조를 보여줄 필요도 없다. 조직도는 회사를 경영하는 데 필요한 실제적이고 현실적인 구조를 반영해야 한다.

이는 대답하기 어려운 질문과 논쟁거리를 부른다. 예를 들어 어떤 조직도에 3명의 세일즈 관리자가 동등한 서열로 표시되어 있다. 이들 중 1명이 실제적인 세일즈 책임자인가? 만약 그렇다면 조직도에 그것이 반영되어야 한다. 지금까지는 다른 2명의 세일즈 관리자의 마음을 상하게 할까봐 피해왔더라도 말이다. 만약 3명의 세일즈 관리자 모두가 진짜로 똑같은 책임을 갖고 있다면, 이는 그 회사에 세일즈 책임자가 필요하다는 것을 보여주는 것은 아닐까? 그렇다면 조직도에 책임자를 추가하고 어떻게 그에게 권한을 줄지 궁리해야 한다.

창업자가 현재 조직도에서 CEO로 되어 있는가? 만약 그렇다면 그 사람이 역할을 잘 수행하고 있는가? 혹은 실제로는 영업책임자로서 역할을 하고 있는 것은 아닌가? 만약 그렇다면 그것이 암시하는 바는 무엇인가? 다른 CEO가 필요하다는 말인가? 아니면 영업책임자가 창업자로부터 CEO 자리를 물려받아 그 역할을 수행해야 하는가?

이러한 질문을 던지는 과정이 조직도 전체에 걸쳐 이뤄져야 한다. 조직도의 '재고관리자'가 실제로는 영업책임자의 역할을 하고 있지는 않은가? 혹은 영업책임자(이 경우는 더 중요하다)가 실제로는 재고관리자처럼 행동하고 있지는 않은가? 어떤 경우든 조직도는 현실을 반영해 수정되어야 한다. 조직도에는 회사가 예측가능한 성공 단계에서 운영되기 위해 무엇이 정말로 필요한지를 철저하게 반영해야 한다.

또 직원들의 문서상의 직책이 아니라 실제로 그들이 하는 역할이 반영되어야 한다.

이 모든 절차를 훌륭하게 이끌어줄 잣대가 있다. 직책에서 사람을 분리해 그 직책에만 초점을 맞추는 것이다. 회사가 재미 단계를 거쳐 성장하고 있을 때 주요 직책은 곧 그 자리를 맡은 사람을 의미했다. 사실 재미 단계에 있는 회사의 여러 직책들은 그 직책을 맡은 사람이 만들어낸 결과물이기도 하다. 예를 들어 조는 세일즈 관리자이다. 그러면 세일즈 관리자의 역할은 무엇이든 조가 하는 일이다. 프리다가 컴퓨터에 대해 잘 알고 IT 문제가 생기면 사람들이 프리다를 찾아간다. 그러면 프리다는 IT 부서의 관리자가 되는 식이었다. 마찬가지로 IT 부서 관리자의 역할이 무엇이든 프리다가 하는 일이 된다.

예측가능한 성공으로 가기 위해서는 다음 사실을 인식하는 것에서부터 비롯된다. 즉, 지속적인 성공을 거두기 위해서는 반드시 회사가 필요로 하는 사람을 핵심 직책에 채워야 한다. 그것도 효과적으로 채울 수 있어야 한다. 장기적인 성공을 위해서는 현재의 직책에 있는 사람에게 의존하는 것이 아니라 그 직책이 효과적으로 작동할 수 있게 하는 것이다. 그렇다고 조나 프리다가 자신의 업무를 잘 수행하지 못한다는 뜻은 아니다. 업무를 잘 수행할 수도 있고 못할 수도 있다. 중요한 것은 조나 프리다에 대한 의존이 아니라 세일즈 관리자와 IT 관리자의 직책이 회사에 영구적으로 있어야 한다는 것이다.

2) 핵심 직책이 갖는 책임을 분명히 하라

회사가 필요로 하는 핵심 직책들을 모두 확인했다면 다음 단계는 각 직책에 요구되는 것이 무엇인지 명확히 규정해야 한다. 각각의 직책에 부여된 권한과 책임을 정하는 것이다.

이번에도 직책과 사람을 분리하는 것이 중요하다. 예를 들어 조나프리다에게 기대하는 것이 무엇이냐가 아니다. 세일즈 관리자나 IT 관리자에게 기대하는 것이 무엇이냐이다. 즉, 누가 어느 자리에 있는가가 중요한 것이 아니라 그 직책에 기대하고 요구하는 것이 무엇이냐가 중요하다.

그렇게 하기 위한 가장 효과적인 방법이 있다. 기존의 직무설명서를 파악하기만 할 게 아니라 해당 직책이 잘 기능하기를 기대하는 사람들을 참여시키는 것이다. 만약 그렇게 한다면 내외부에서 고객들이 생겨날 것이다.

예를 들어, 세일즈 관리자의 직무설명서는 사실상 세일즈 관리자와 관계자들 사이의 계약이라고 볼 수 있다. 관계자에는 세일즈 관리자의 상사와 부하직원, 보고서를 제출하고 정보를 요청하는 부서, 판매를 담당하는 직원, 구매를 위한 외부 거래처가 있을 수 있다. 이러한 상황에서 직무설명서를 가장 잘 쓸 수 있는 방법은 무엇일까? 위에서 언급한 내외부의 핵심 고객들을 모아 각각을 대표하는 팀을 구성하고, 그들에게 직무설명서의 초안을 작성하게 하는 것이다. 이 사람들은 세일즈 관리자에게 무엇이 요구되는지 가장 잘 알 수 있기 때문이다.

IT를 관리하는 관리자 직책에 대해서는 어떻게 해야 할까. 현실적으로 직무설명서를 가장 잘 작성할 수 있는 사람으로는 IT 관리자의 상사와 부하직원, 조직 내에서 IT를 많이 사용하는 한두 사람이 포함된다. 여기에 IT 관련 예산을 정하는 회계 담당자 정도가 더해진다. IT 관리자는 이들을 지원하기 위해 존재해야 한다. 직무설명서가 진정한 가치를 지니려면 이들이 직무설명서 개정에 참여해야 한다.

이렇게 내외부의 고객들로 구성된 팀은 각각의 사람들과 이해관계가 없는 사람들이면 더 좋다. 그래야만 직무설명서에 불필요한 내용이 들어가지 않는다. 이들의 임무는 각각의 핵심 직책의 의무와 책임을 정하는 것이다. 필요할 경우에는 정량분석을 포함할 수도 있다.

예를 들어 세일즈 관리자의 직무설명서에는 세일즈 예산뿐 아니라 잘못되거나 불완전한 청구서가 몇 퍼센트인지 등을 포함할 수 있다. 또한 부하직원에 대한 교육 횟수나 부하직원을 동행하고 거래처를 방문한 횟수, 주요 관계자들을 추가 방문하는 빈도 등을 포함할 수 있다. 이와 마찬가지로 IT 관리자의 직무설명서에는 비상시에 문제를 해결한 횟수, 신입 직원에게 제공하는 연수시간과 양, 예산 등이 포함될 수 있다. 중요한 것은 내외부의 고객들과 반드시 협의해야 한다는 점이다.

이러한 방식으로 직무설명서를 수정하는 것은 갈등의 소지도 갖고 있다. 조나 프리다처럼 특정한 역할을 해오던 사람들은 회사가 제안하거나 요청한 것 중 일부를 자신이 할 일이 아니라고 생각할 수도 있다. 또한 꽤 오랫동안 직책이 곧 담당자였다는 것도 갈등의 원인이 된다. 현재 직책을 맡고 있는 사람이 직무설명서의 수정된 사항이 자신의 능력 밖이라서 실수할지도 몰라 걱정할 수도 있다.

이렇게 어려운 문제이지만 피할 수 있는 문제도 아니다. 이는 급류에서 예측가능한 성공으로 가는 모든 회사가 경험하는 성장통의 일부이기 때문이다. 어떤 회사는 이 단계에서 휘청거리기도 한다. 경영자가 핵심 인물의 마음을 상하게 하거나 잃는 것이 두려워 얼버무리거나 피해버리기 때문이다.

이 단계를 지나치고 싶더라도 그러지 않기를 권한다. 예측가능한 성공을 위해 핵심 직책의 역할을 수정하지 않으면 성공에 도달할 수 없다는 것을 알아야 한다. 임시방편이나 회피는 다른 단계들을 실행할 수 없게 만든다. 왜냐하면 이 단계를 지탱해줄 튼튼한 조직도가 없기 때문이다.

대신 직원들에게 직책과 사람을 구분하려는 이유를 설명해주는 것이 좋다. 회사를 위해 개인과 각 직책에 요구되는 것이 무엇인지 정확히 설명해줘야 한다. 또한 하룻밤 사이에 충족시켜주길 원하는 게 아니라는 것도 알려주어야 한다. 그리고 시간과 자원을 투입해서 지원해줄 것이라고 말하라.

필요하다면 그들과 함께 개발 프로그램을 짜고 코치를 붙여주는 것도 좋다. 그리고 직원들의 경과를 살피면서 새롭게 정해진 역할에 적응할 수 있도록 동기를 부여하고 격려해주어야 한다.

이렇게 했음에도 불구하고 현재의 책임자가 수정된 직무를 효과적으로 수행하는 데 적절치 않다고 판단될 때가 올 수 있다. 그렇다고 놀라지도 않을 것이다. 그간 그 직원의 '직책 적합성'에 대한 의문을 모른체 해왔기 때문이다. 여전히 상황을 얼버무리거나 무시하는 것은 예측가능한 성공으로 나아가는 것을 방해하며, 심하면 탈선시킬 수도 있다. 주요 직책에 무능하고 부족하거나 기량을 제대로 발휘하지 못하는 사람을 앉혀놓는 것은 치명적인 아킬레스건을 만드는 것이다. 이는 신뢰도를 떨어뜨리고 다른 이들의 의욕을 꺾어놓으며, 다른 단계들을 실행하려고 할 때 걸림돌이 된다.

그러므로 그 직원을 다른 직위로 이동시키거나 회사에서 내보내야 한다. 그리고 그 빈자리를 채우는 절차를 다시 시작하는 편이 좋다. 어쨌든 언젠가는 이러한 일을 해야 한다. 그러니 지금 하는 것이 좋지 않을까?

3) 마음을 터놓는 회의를 하라

조직도와 핵심 직책에 대한 직무설명서의 수정이 완료되었다. 그렇다면 이제 남은 것은 효과적인 의사결정을 하기 위해 누가 누구를 만나야 할지를 결정해야 한다.

정기적으로 '전원'이 참석하는 회의가 필요한가? 정기적으로 한다는 것은 얼마나 자주 하는 것을 말하는가? 누가 회의를 이끌고 무엇을 논의할 것인가? 만약 CEO가 회의를 이끌어간다면 그가 없을 때는 어떻게 해야 할까? 지금 어떤 개인에 의존하려는 것이 아니라 의사결정 체계를 만들고 있다는 것을 기억하라.

CEO를 떠나 조직의 다른 누군가를 만나야 하는가? 그렇다면 언제, 무엇을 위해? 우리는 지금 당장 필요한 절차와 제도만을 도입하려 한다는 것을 기억해야 한다. 만약 절차와 제도에 지나치게 의존하면 너무 깊숙한 쳇바퀴 단계로 끌고 갈 위험이 있다. 이때 무엇이 필요하고 무엇이 필요하지 않은지를 어떻게 알 수 있을까?

다행히도 우리가 원하는 대부분의 답을 제공해주는 어려운 일을 이미 해놓았다. 만나야 할 다른 사람은 직무설명서의 수정 작업에 참여했던 바로 그 사람들이다.

직무설명서를 논리적으로 재설계한 후 세일즈 관리자와 구매책임자와 수정된 사항에 동의를 했다고 하자. 또한 그들의 상사와 부하직원, 내외부의 고객들이 동의했다고 하자. 세일즈 관리자는 당연히 이 사람들을 정기적으로 만나 경과를 살펴봐야 한다. IT 관리자도 마찬가지다. 자신의 직무를 잘 수행하기 위해 정보 교환이 필요하다는 것을 알았다면 상사와 부하직원들, 회사 내에서 IT를 많이 사용하는 사람들, IT 예산을 지출하는 회계 담당자와 정기적으로 만나야 한다.

만나는 빈도나 시간, 내용은 우선순위나 평가기준에 따라 달라질 수 있다. 조는 구매책임자보다는 외부 고객과 더 자주 만나고 싶어 할 수 있고, 프리다는 예산관리자보다는 내부 고객을 더 많이 만날 수도 있다. 그러나 누가 누구를 만나야 할 것인지는 수정된 직무설명서에 잘 나타나 있다(수정된 직무설명서에 명확히 나타나 있지 않은 사람들의 모임에 관해서는 '복합기능팀'에서 설명한다).

하지만 만남 자체가 효과를 내는 것은 아니다. 단지 의사결정을 위한 하나의 수단일 뿐이다. 회사가 회의를 너무 적게 하면 의사결정하기가 어려워지고, 너무 많이 하면 쳇바퀴로 향하기 때문이다.

정확히 회사가 필요로 하는 만큼만 회의를 하는 것이 가장 좋다. 많지도 않고 적지도 않을 정도의 규모와 형태로 정착시키려면 여러 가지 방법을 시도하는 것이 좋다. 회의는 서서 할 수도 있고 앉아서 할 수도 있다. 직접 만나 대면해서 할 수도 있고 전화로 할 수도 있다. 안건을 상정할 수도 있고 안건 없이 진행할 수도 있다. 회의 진행 요원이나 회의 순서를 정해놓고 할 수도 있다. 또는 참석자들에게 무엇이 효과적일지를 묻고 그에 따라 변경할 수도 있다. 만약 회의가 따분하거나 관심을 보이지 않는 정보들이 열거되는 식으로 진행된다면 당장 멈추고 무언가 새로운 시도를 해야 한다.

2. 관리자의 수평적 역할

회사가 급류에서 예측가능한 성공 단계로 올라가려면 경영자의 개입이 필요하다. 경영자의 개입이 필요한 두 번째 분야는 관리자들 간의 대화에 관한 것이다.

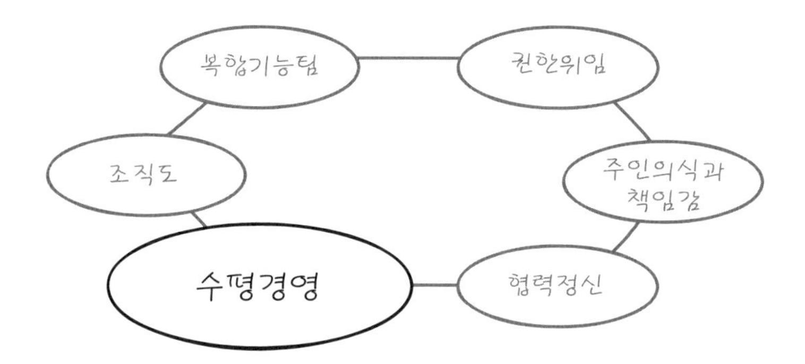

재미 단계에 있는 동안 중간관리자들은 아래로 부하직원을 두고 위로는 상사가 있는 수직적인 관계에 놓인다. 이 단계는 아직 높은 수준의 체계에 의해 지탱되는 상태가 아니다. 이 때문에 관리자들은 관리자로서의 책무와 함께 운영의 책임도 갖게 된다. 세일즈 관리자가 세일즈맨으로서 일을 하고, 창고에서 재고관리자로서도 일을 한다. 그래서 관리자로서의 책임은 일상적으로 하던 일에 추가로 부여된 임무로 인식하기 쉽다. 또한 부하직원들에 대한 동기부여와 관리를 통해 성과나 문제를 상사에게 보고하는 것이 임무라고 생각하기 쉽다.

결과적으로 재미 단계에서 관리자들은 자신이 속한 집단 안에서 즐겁게 일을 계속 하기가 어렵다. 그런 일에 치우치다보니 정작 의사결정이 필요할 때는 소수의 동료들과 제한적으로만 소통한다.

그러나 회사가 급류라는 복잡함에 직면하면 관리자들은 의사결정을 위해 더 많은 대화를 해야 한다. 여러 부서의 관리자들은 상호의존적인 관계로 얽혀 있음을 알아야 한다. 그래서 재미 단계에서 독자적

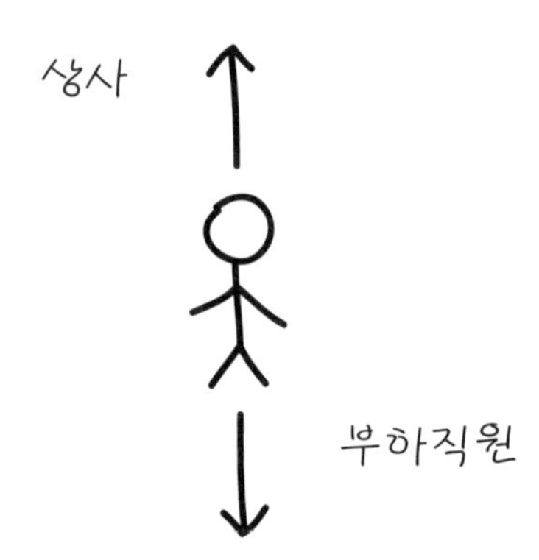

그림 9-3 재미 단계에서 관리자의 수직적 역할

인 집단 속에 있었을 때를 그리워하며 좌절감을 맛보기도 한다.

많은 관리자들은 재미 단계의 경험에 근거해 관리에 대한 이미지를 갖고 있다. 즉, 관리자는 상사와 부하직원들을 수직적으로 연결해주는 역할을 하는 것이라고 생각한다. 그리고 다른 대부분의 것들은 방해요소로 간주한다. 서류작업을 위해 동료 관리자와 언쟁하거나, 정보를 수집하기 위해 다른 관리자들과 협력하거나, 상위 30%에 해당하는 고객요구에 관한 토론 등은 방해요소로 생각한다. 왜냐하면 이러한 일들은 하루하루의 목표를 달성하기 위해 부서를 관리하는 사람의 본분과 거리가 있다고 생각하기 때문이다.

회사가 예측가능한 성공 단계로 올라가려면 경영자는 새로운 규칙을 정하고 실행해야 한다. 이렇게 되면 관리자는 이중의 역할을 수행해야 한다. 즉, 위로 상사와 아래로 부하직원을 잇는 수직적 역할과

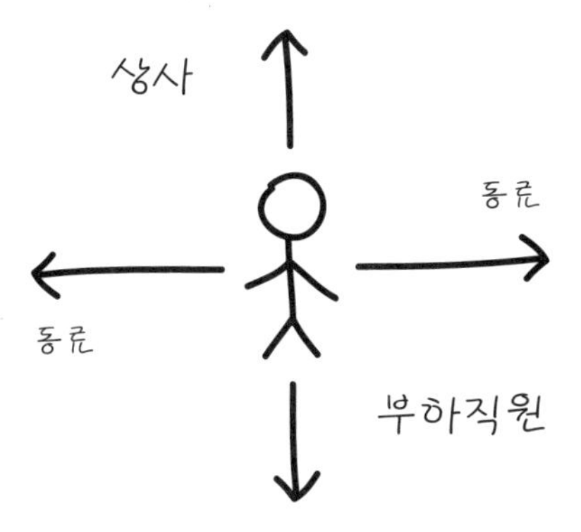

그림 9-4 예측가능한 성공 단계에서 관리자의 수직 · 수평적 역할

동료 관리자들 간의 수평적 역할도 해야 한다는 것을 의미한다.

지금까지 수직적인 사고방식으로 일해온 관리자들에게 수직 · 수평적인 사고를 요구한다는 것은 쉬운 일이 아니다. 어떤 관리자들은 불필요한 업무가 추가로 부과되었다며 분개할 수도 있다. 또 어떤 관리자들은 수평경영이란 개념 자체는 받아들인다. 하지만 다른 동료 관리자들과 효과적으로 소통하는 능력이 부족해 실행에 어려움을 느낄 수 있다. 최악의 경우 소통 능력이 부족하거나 아예 없는 관리자는 다른 관리자들과 협력해야 한다는 상황에 거세게 반발하거나 때로는 적극적으로 갈등을 일으킨다.

수직적인 형태에서 수평적 관리자 역할로 변모한다는 것은 경영진의 결의와 노력, 인내심을 필요로 한다. 관리자들은 의식적으로든 무의식적으로든 더 단순하고 쉬워보였던 재미 단계로 돌아가려 한다.

자신의 집단 안에서 외부인들과는 제한적인 접촉만을 즐기던 때로 말이다.

수직적이었던 관리방식을 수평적으로 바꾼다는 것은 오른손잡이가 왼손 글씨를 배우는 것과 비슷하다. 이는 고도의 의식적인 노력을 필요로 하며 때로는 고통스러울 수도 있다. 그래서 이 과정을 더 빨리 이행할 수 있도록 몇 가지 방법을 소개한다.

1) 수평적 경영이 추가되었음을 분명히 밝혀라

수평경영을 명백하게 선언하지 않으면 어떻게 될까. 대부분의 관리자들은 마음속으로 여전히 재미 단계의 수직적 관리자 역할을 하려 한다. 무의식중에 관리자들은 다른 관리자들과 공통으로 느끼는 이 모든 '문제'들이 해결되어 예전처럼 부서를 수직적으로 관리하던 때로 돌아가기를 기다린다.

경영진은 반드시 시간을 내 모든 관리자들에게 그런 시기는 지났다고 설명해줘야 한다. 그리고 이제는 관리자들이 영구적으로 수평적 경영을 추구해야 한다는 사실을 명백히 밝혀야 한다.

2) 안건이 없는 상황에서도 관리자들을 자주 만나라

급류에 빠진 회사에서는 관리자들이 운영의 문제를 해결하기 위해 만나서 소통해야 한다는 것은 이미 언급했다. 그러면 다음과 같은 문제에 부딪힐 수 있다. 왜 당신이 보내주는 서류는 한번도 제대로 완성되어 있지 않은 거죠? 왜 그렇게 잘못된 재료를 많이 주문합니까? 내 고객들에게 왜 이렇게 배송이 늦는 겁니까?

이러한 문제들은 주로 부정적인 부분에 초점을 두고 있다. 당시 상황으로 볼 때는 어쩔 수 없는 측면도 있다. 하지만 관리자들의 대화가 지나간 일에 대해서만 이뤄지고 있으며, 특히 문제가 있을 때 이뤄지며, 갈등을 일삼는다. 그러면 남의 탓을 하는 것과 비난, 방어적인 자세와 보신주의가 소통방식으로 자리를 잡는다. 결국 관리자들은 가능하면 소통을 피하고, 때로는 핑계를 만들어 대화에 참여하지 않는다.

경영자는 수평경영을 위해서는 관리자들의 소통이 지나간 일에 대해 이뤄지는 것이 아니라 상황을 미리 주도하기 위해 이뤄져야 한다는 것을 일깨워줘야 한다. 또한 가능하면 대화가 문제해결 차원이 아닌 예방 차원에서 이뤄져야 하고, 대립보다는 협력적으로 이뤄져야 한다는 것을 일깨워야 한다.

이렇게 주도적이고 예방적인 차원에서 수평경영이 이뤄질 수 있게 해야 한다. 그러면 관리자들은 쟁점을 해결하기 위해 만나는 것이 아니라 쟁점이 생기기 전에 의논을 한다. 예를 들어 월말에 만나 배송이 자꾸 늦어지는 이유를 놓고 대화를 하는 게 아니라 월초에 배송계획을 세우기 위해 대화를 한다.

우리는 수정된 조직도의 일부로서 관리자들이 정기적으로 회의를 한다는 것을 알 수 있다. 이러한 회의에서는 반드시 지나간 일에 초점을 맞추지 않아야 하며 대립적이지 않아야 하고, 발전적이고 협력적으로 이어져야 한다.

3) 수평경영 혜택을 보여줘라

CEO(혹은 창업자)는 긍정적이고 진취적인 수평경영의 혜택을 관리자와 전 직원에게 보여주어야 한다. CEO가 다른 경영진들과 진취적으로 상의하고 협력함으로써 훌륭한 역할 모델이 될 수 있다.

초기에는 이 과제가 무척 어렵다. 특히 과거에 전권 혹은 전권에 가까운 권한을 휘두르던 창업자는 더욱 어려움을 느낄 것이다. 그러나 끈기를 갖고 긍정적인 수평경영의 효과를 보여주어야 한다. 예를 들어 보상과 같은 주제는 예전에는 이사회에서만 다루었다. 그러던 것을 이제는 보상회의에 한두 명의 중간관리자들을 포함한다. 이렇게 경영진이 수평경영의 힘을 보여줌으로써 아래로 파급되는 효과를 얻을 수 있다.

4) 수평경영에 대해 조언해줄 수 있는 새로운 관리자를 채용하라

급류에서 예측가능한 성공 단계로 가는 데에는 한 가지 어려운 문제가 있다. 회사 내에 1단계 도약이라는 도전을 경험한 사람이 많지 않다는 점이다. 따라서 이 단계에서 직면할 도전을 적절히 다루는 직원도 거의 없다.

수평경영에 있어서도 위와 같은 문제가 생긴다. 회사 내에 그런 방식으로 소통해본 경험자가 한두 명밖에 없을 때도 있다. 종종 적은 수의 창업자와 재미 단계에서 임명된 소수의 관리자만 있는 경우에는 1명도 없을 수 있다. 따라서 신규 채용 시에는 이를 염두에 두어야 한다. 수평경영 모델에서 성공적으로 일한 경험이 있는 사람, 그래서 다른 사람에게 역할 모델이 되고 멘토가 될 수 있는 사람을 고용하는 것이다.

3. 협력정신

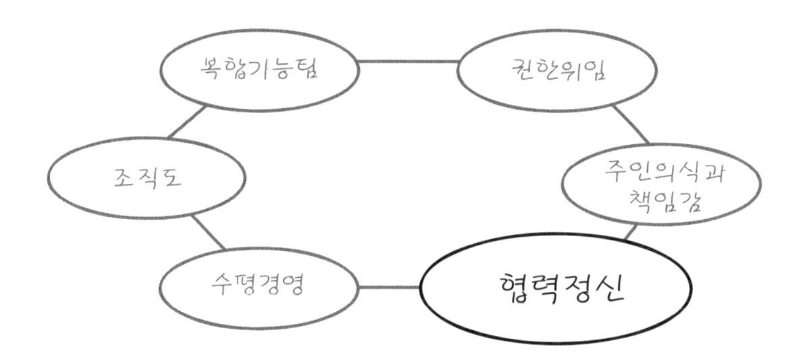

재미 단계 후반에 이르고 회사가 더 이상 성장하지 않으면 어떻게 될까. 급류로 미끄러지기 시작한다. 앞으로 문제가 생길 것이라는 첫 번째 조짐은 응집력이 떨어지고 협력이 줄어들면서 나타난다.

재미 단계의 초기와 중반에는 구성원들 모두가 어느 정도 합심해서 동일한 목표를 향해 나아가려 노력한다. 그러나 회사가 급류에 빠지면 중간관리자와 팀원들이 하나의 무리를 이루어 갈라져나간다. 이들은 자신의 비밀 벙커에 숨어 급류의 흔들림이 빨리 지나가기를 기다린다. 시간이 지날수록 더욱더 자신의 목적만을 추구하면서 회사와 따로 놀게 된다.

이에 덧붙여 이러한 증상들 때문에 회사의 지도부는 허공에 떠 있는 모습을 보인다. 경영자(혹은 창업자)는 이전에는 확실했던 목표의식마저 잃고 표류한다. 그리고 한동안 회사 전체에 무력감과 방향 상실감이 팽배해진다.

그제야 경영자는 이를 개선하려고 나서며 타성에 젖은 회사를 구하기 위해 손을 뻗는다. 그야말로 '시궁창에 빠진' 경영자는 마치 오늘의 추천 메뉴를 바꾸듯 여러 가지 계획과 방법들을 내놓는다. 이렇게 한동안 정체기를 겪으면서 수많은 계획과 프로그램들이 동시다발적으로 채택된다. 이 때문에 회사는 급류에 휩쓸린 것처럼 이리저리 심하게 요동을 친다.

이렇게 방향감각을 상실한 진공 상태에서는 다양한 프로그램과 계획들로 빈자리를 채우려는 시도가 되풀이된다. 급류의 증상들이 이전에는 높았던 마저 앗아가 버린다. 그러면 직원들은 회사가 나아가야 할 방향이나 그 길에 공헌할 방법을 알 수 없게 된다. 그래서 자신들만의 무리에서 자신들만의 비전을 키운다.

이로 인해 직원들은 협력적으로 하나의 방향으로 나아가지 못하고 각각 다른 방향으로 나아간다. 이는 '브라운운동(Brownian motion: 끊임없이 충돌하는 것)'의 회사판이라고 볼 수 있다. 이렇게 되면 조직은 제대로 굴러가지도 못할 뿐 아니라 최악의 경우 마비상태에 이른다.

급류에서 예측가능한 성공으로 올라가기 위한 경영자의 세 번째 주요 과제는 직원들 간의 협력정신을 복구하는 것이다. 이를 위해서는 구성원 전체가 같은 방향으로 나아가야 한다는 것을 다시 강조해야 한다. 다음에 소개할 3가지 단계는 협력정신을 회복하는 데 도움이 된다.

1) 적절한 시기에 행하라

협력정신 회복은 조직도가 수정되고 수평경영이 도입된 후에야 가능하다. 즉, 관리자는 조직도에서 자신의 위치를 이해하고, 자신의 책무가 무엇인지 명확히 알아야 한다. 더 중요한 것은 다른 사람들과 함께 일하는 법을 깨닫고 받아들여야 한다. 이것들이 선행되면 관리자는 회사 전체의 공통된 목표인 협력을 위해 함께 일하는 것이 중요하다는 사실을 믿는다. 또한 동시에 동료들과의 관계를 재구축한다.

2) 회사의 사명과 비전, 가치를 수정하라

재미 단계 초기의 빠른 성장 기간 동안에는 회사의 정체성에 대해 분명하게 인식한다. 활기찬 신생회사는 무엇을 만들며, 무엇이 경쟁사들과 다른지를 알고 있다.

급류 단계까지 오랜 시간이 걸린 회사들(혹은 예측가능한 성공에서 되돌아온 경우)은 대부분 공식적으로 명시된 정체성을 갖고 있다. 즉, 사명, 비전, 가치이다. 회사가 급류 단계에 오면 직원들은 협력을 하지 않으며 정체성도 모호해진다. 불행한 일이지만 어찌 보면 당연한 결과이기도 하다. 사실 우리가 누구인가에 대한 공통된 생각보다 더 확실한 정체성은 없다. 일단 직원들 사이에서 협력정신이 형성되면 공통된 정체성은 자연히 따라온다.

급류 단계에 이르면 세심히 공을 들여 만들었던 강령이 회사와 전혀 무관하거나 존재하지 않는 것처럼 보이기 시작한다. 이전에는 사랑받고 자주 사용하던 구호들, 예를 들어 '완전한 품질', '100% 고객 만족' 혹은 '우리가 한 걸음 더 걷고 있으니 당신은 덜 걸어도 된다'와 같은 말들은 쑥스러워진다. 그리고 이러한 문구가 담긴 현수막들은 거의 비웃음거리가 된다.

직원들의 협력이 사라지면서 회사의 정체성도 사라진다. 이제 경영자는 악순환의 흐름을 끊고 직원들의 협력정신을 회복할 강력한 정체성을 부활시켜야 한다. 이를 위해서는 회사의 사명과 비전, 가치에 대해, 회사의 과거와 새로운 경영 현실 및 포부를 반영해서 재평가해야 한다. 다시 말해 재미 단계의 영광에 경영자가 머물러 있어서는 안 된다. 그 대신 예측가능한 성공 단계에 오르기 위해 노력하는 직원이 누구인지 곰곰이 생각해야 한다.

급류를 헤쳐 나오려면 경영자는 경영진들 하고만 시간을 보내서는 안 된다. 회사에 긍정적인 공헌을 하는 사람을 찾아야 한다. 고객이나 말단 직원들은 '당신이 누구인가'에 대한 유용한 답을 알려준다. 때때로 가장 과거에 묻혀 사는 사람이 경영자일 수 있다.

이러한 재평가가 완전히 새로운 정체성, 즉 새로운 사명과 비전, 가치를 낳을 수 있다. 가끔은 기존의 정체성이 변한 것은 없는데도 활성화되어 나타나기도 한다. 대부분은 2가지 경우의 중간쯤에 있다. 즉, 새로운 것과 기존의 것이 결합되어 나타난다. 어느 쪽이 되었든 가장 중요한 것은 회사의 정체성을 재발견하고, 이를 통해 회사를 이끌어 가야 한다는 점이다. 그리고 그런 정체성을 통해 직원들도 다시 한번 협력 상태로 돌아간다.

3) 파벌이나 집단에 기반을 둔 협력을 무너뜨려라

일단 사명, 비전, 가치에 새로운 활력을 불어넣었다면 협력과 관련해 경영자가 마지막으로 다뤄야 할 것은 '무리(파벌)' 증상이다. 항상 그런 것은 아니지만 일반적으로 한 부서가 한 무리를 이루면 직속상관이 이 무리를 이끈다. 점차 이들은 '자신들이 누구인가'에 대해 회사와 다른 비전을 전개하기 시작한다.

무리를 이루는 것 자체가 나쁜 것은 아니다. 비교적 복잡성이 더해진 회사에서는 무리가 존재할 수밖에 없다. 그러나 급류와 쳇바퀴 단계에서 무리의 존재는 예측가능한 성공으로 가는 길목의 걸림돌이 된다. 이미 살펴본 것처럼, 급류에 빠진 회사에서 무리는 구성원들 간의 협력을 약화시키면서 회사의 발전을 저해한다.

이는 경영자의 방향 상실에 대한 직접적인 결과이다. 경영자가 방향을 잃으면 중간관리자들이 그 빈 공간으로 끼어든다. 이들은 직원들에게 동기를 부여한다면서 '잃어버린' 방향과 비전, 가치를 자신들의 것으로 대체한다.

이러한 현상은 관리자가 단지 위험한 진공 상태를 채우려 하는 호의적인 의도에서 발생할 수 있다. 반대로 진공 상태를 영향력을 확대하는 기회로 삼으려는 관리자로 인해 권력투쟁의 형태로 변질될 수도 있다. 어느 쪽이든 중요하지 않다. 중요한 것은 반목하거나 최소한 협력적이지 않는 비전과 가치를 가진 파벌이 만들어짐으로써 조직은 조화를 잃고 더욱 망가져 간다는 점이다.

이렇게 파벌이나 무리에 기반을 두고 협력정신이 흐트러진 상태에서 협력정신을 부활시키는 것은 그다지 어렵지 않다. 협력정신을 회복하는 데 필요한 70~80%는 회사의 사명, 비전, 가치를 부활시키기만 해도 가능하다. 대부분의 구성원들은 본능적으로 어느 특정 무리가 전개하려는 비전보다는 회사 전체의 비전을 따르려 한다.

그러나 계속해서 자신들만의 곡조에 맞춰 춤추는 20~30%의 관리자들은 어떻게 해야 할까? 이들은 회사와 거리를 두고 자신의 추종자를 키우게 될까? 이러한 관리자들은 경영자의 요구에 부응하지 않으려 한다. 이는 근본적으로 예측가능한 성공 단계로 가려는 경영 비전을 공유하지 않는다는 것을 의미한다. 대신 그들은 여전히 자신의 역할을 재미 단계에서 찾으려 한다. 다시 말해 수직적 관리자로서의 역할만 하면서 기본적인 목표를 달성한다면 관리자로서의 정체성을 유지할 수 있는 시절에 머물려고 한다.

> 예측가능한 성공 단계로 가려면 반대나 다른 의견이 있어서는 안 된다는 인상을 줄 수도 있다. 사실은 전혀 그렇지 않다. 단지 현재의 성장 단계에서는 구성원이 공유할 수 있는 공통된 목표를 갖는 것이, 예측가능한 성공으로 나아가는 데 필수적이라는 것이다. 일단 예측가능한 성공에 도달하면 다양성이 활성화된다.

이러한 관리자는 본질적으로 수평경영을 받아들이지 않을 가능성이 매우 높다. 따라서 회사가 예측가능한 성공 단계로 나아가려면 이들 관리자를 교체해야 한다. 대개 경영자는 이 사실을 받아들이기 어렵다. 특히 그 관리자가 회사에 오랫동안 몸담고 있었거나 회사를 현재의 위치까지 끌어올리는 데 혁혁한 공을 세운 사람이면 더욱 그렇다. 그러나 이는 급류 단계에서 성공으로 올라가기 위한 '성장통'일 뿐이다. 이를 회피하면 예측가능한 성공 단계로 가는 길을 중단하는 것과 같다.

4. 복합기능팀

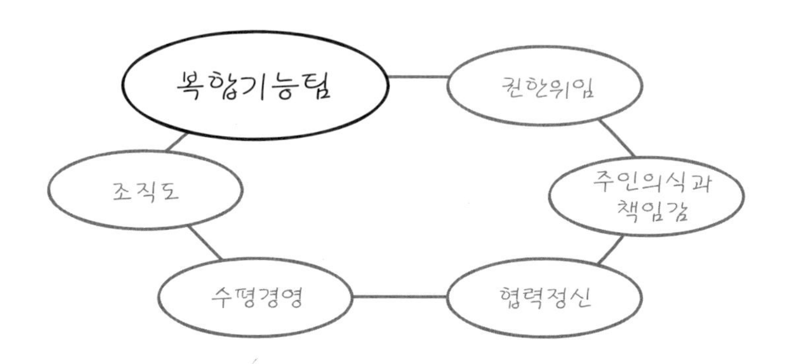

급류에서 예측가능한 성공 단계로 이끌어줄 의사결정 체계를 구축하기 위한 네 번째 단계는 복합기능팀을 만드는 것이다. 이는 가끔씩 이뤄지면 되는 것이 아니라 지속적이고 자연스럽게 이뤄져야 한다.

이 단계에서는 관리자들이 상사나 부하직원 사이에서 수직적으로 일하는 것과 더불어 관리자들 간에 수평적인 관계를 맺는 것이 매우 중요하다. 이는 결정된 사항을 실행함에 있어서도 동일한 원칙을 적용할 수 있으며 모든 직원에게 적용해야 한다. 결정된 사항을 성공적으로 실행하려면 직원들이 끼리끼리 몰려다니는 게 아니라 다른 팀의 구성원들과 함께 일할 수 있어야 한다.

그렇게 하는 이유는 분명하다. 회사가 급류에서 허덕이면 복잡성은 점점 확대되는데, 이를 통제하려면 다양한 분야의 전문지식과 기술, 경험이 필요하기 때문이다. 하나의 제한된 영역에서 결정하고 실행할 수 있는 사항들은 중요하지도 않거나 몇 가지 안 된다.

좋은 소식은 대부분의 경우, 직원들에게 새로운 기술을 가르치는 것이 아니라는 점이다. 많은 직원들은 재미 단계의 초기와 중기에 이미 무의식적으로 자신의 영역을 넘나들며 일을 했다. 단지 '복합기능적'이라는 말을 쓰지 않았을 뿐이다. 재미 단계에서는 일처리를 위해 다른 부서나 팀에 필요한 사람을 만나는 것이 자연스러웠다. 그러나 재미 단계의 끝이나 급류 단계에 이르면 회사 내의 복잡성이 무리를 만들어 복합기능성을 약화시킨다.

다음 4가지 원칙을 적용하면 직원들을 다시 복합기능적으로 일할 수 있게 돌려놓을 수 있으며, 지속적이고 자연스럽게 만들 수 있다.

1) 올바른 순서로 실행하라

이것 역시 협력의 문제와 마찬가지다. 관리자들이 복합기능적으로 일하는 모습을 보여주지 않으면서 직원들에게 강요하는 것은 어불성설이다. 관리자들이 지속적이고 성공적인 수평관계를 유지할 때까지는 이 단계로 넘어가면 안 된다. 복합기능적 업무를 너무 빨리 시도하면 직원들의 신뢰를 잃기 쉽다. 왜냐하면 관리자들에게서 복합기능적으로 업무를 수행하는 모습을 볼 수 없기 때문이다. 게다가 아직 관리자들도 복합기능적 업무 수행의 장점을 느끼지 못하고 있기 때문에 이 방식에 대해 믿음을 갖지 못한다.

2) 있는 그대로, 자주 말하라

앞서 여러 차례 살펴본 것처럼 예측가능한 성공 단계로 가려면 경영자가 기대하는 바를 명확히 설명하고, 그것을 계속 강조해야 한다. 기대하는 바를 말하지 않는 것은 기대를 접는 것과 같다. 또한 일이 흘러가는 대로 방치하는 것은 뱀주사위놀이(보드게임으로, 주사위를 굴려 나온 숫자만큼 앞으로 가고, 도착한 칸에 뱀 꼬리가 있으면 뱀 머리로 내려와야 한다—옮긴이)에서 뱀을 타고 아래로 떨어지는 것과 같다. 다시 말해 조직이 퇴보하도록 내버려두는 것이다.

이것은 복합기능적으로 일하는 것에도 적용할 수 있다. 경영자는 직원들에게 자신이 원하는 바를 정확하게 설명해야 한다. 또한 원하는 바를 주기적으로 강조해야 하며, 잘 따라준 직원에게는 보상이, 의도적인 저항에는 처벌이 주어져야 한다.

저항에 직면했을 때 보고도 못본 척하거나 되는대로 내버려두어서는 안 된다. 회사의 충신이 복합기능적으로 일하기를 바라는 경영진의 기대를 무시하고 자기 마음대로 일하는 독불장군이 되도록 내버려두면 어떻게 될까. 예측가능한 성공 단계로의 진입이 늦어지거나 아예 중단될 수 있다. 또한 관리자가 자신의 팀원이 복합기능적 소통을 원하지 않고, 무리 속에서만 일하도록 부추기는 것도 받아들여서는 안 된다.

3) 복합기능팀을 보조 바퀴처럼 사용하라

궁극적인 목표는 직원들이 의사결정 상황에 놓였을 때 자연스럽게 다른 부서의 관점도 고려하면서 판단하고 행동하게 만드는 것이다. 신체의 뇌와 신경계, 팔다리가 유기적으로 움직이는 것처럼 회사 전체가 자연스럽게 그때그때 필요한 요구와 의도에 적절히 반응할 수 있게 하는 것이다.

이를 위해서는 '보조 바퀴'를 사용해서 시작하는 것이 좋다. 복합기능적으로 생각하고 행동하고 결정할 수 있도록 상기시켜주는 인공구조물을 사용함으로써 직원들이 자신의 무리 안에서 버티는 것을 미리 막을 수 있다.

이를 위한 가장 단순한 형태는 복합기능팀을 만드는 것이다. 복합기능팀은 회사 내 여러 부서에서 차출한 직원들로 구성한다. 이들은 의사결정도 하고 실행도 한다. 예를 들어 신제품의 배송 방식을 결정하고, 신입직원 오리엔테이션 프로그램을 새롭게 만들고, 회사의 웹사이트를 리뉴얼한다.

복합기능팀을 만드는 것은 회사 전체가 복합기능적으로 판단하고 행동하도록 하는 가장 좋은 방법이다. 그러나 이것 역시 남용해서는 안 된다. 시작 단계에서는 한두 개의 복합기능팀 만으로도 충분하다. 오히려 이보다 많으면 직원들의 시간을 빼앗게 되어 예측가능한 성공으로 가는 길을 가속하기보다는 늦출 수 있다.

4) 채용 과정부터 시작하라

채용 과정은 복합기능팀을 시도할 수 있는 최적의 기회다. 우리는 이미 성공적인 채용을 위해서는 회사의 여러 부서에서 사람들을 모아 채용 과정에 참여시킬 필요가 있다는 것을 확인했다. 그리고 대부분의 직원들이 이를 통해 혜택을 즉각적으로 느낄 수 있다. 잠재적인 직원의 경쟁력 있는 장점을 통해 최종 결정을 내리는 것은 회사에 복합기능적 '근육'을 늘리는 가장 좋은 방법이다.

5. 권한위임

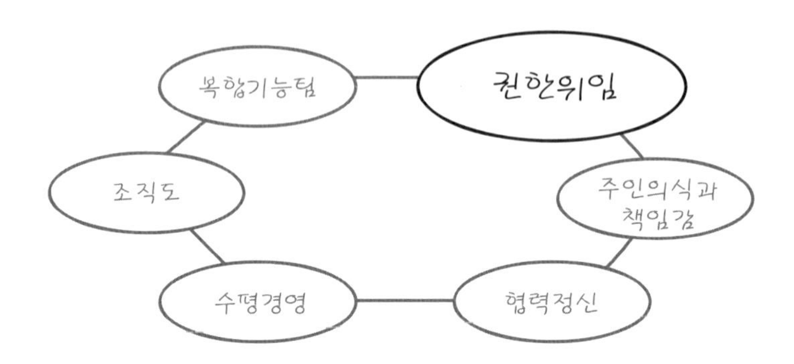

관리자들이 효과적인 수평관계를 한동안 유지하고 한두 개의 복합기능팀이 성과를 내면 어떻게 될까. 관리자와 직원은 이러한 업무 방식에 신뢰를 갖는다. 그뿐만 아니라 효과적인 의사결정과 성공적인 실행을 위해 이 업무 방식에 점점 더 의존한다.

이렇게 해서 복합기능적 의사결정 방식에 대한 신뢰가 확보되었다. 또한 이전 단계에서 조직도를 수정하고, 직무설명서를 명확하게 조정했고, 수평경영을 도입하고 직원들 간의 협력정신을 부활시켰다. 이러한 긍정적 변화들은 회사에 스스로의 운명을 통제할 능력을 부여하기 시작한다.

얼어붙었던 의사결정 과정이 녹아내리면서 수준 높은 의사결정이 이뤄지고 실행된다. 경영자는 마침내 페달에 발을 올리면 회사가 앞으로 나아간다는 것을 느낀다. 현재는 좀 느릴지라도 마침내 회사가 예측가능한 성공가도에 접어들기 시작한 것이다.

이 단계에서 발생하는 흔한 실수 중의 하나는 더 많은 복합기능팀을 만들어 빨리 성공 궤도에 안착하고 싶어 하는 조급증이다. 물론 자연스러운 현상이다. 복합기능팀 덕분에 회사가 마침내 앞으로 나아갔다고 느끼기 때문이다. 하지만 앞서 살펴본 것처럼 초기에 너무 많은 복합기능팀을 만드는 것은 되레 역효과를 낸다. 직원들의 시간과 노력을 너무 많이 빼앗기 때문에 발전을 저해하는 것이다. 복합기능팀이 너무 많으면 발전을 가로막는 걸림돌이 되고, 회의는 너무 많고 시간은 부족해진다. 결국 구성원들의 에너지를 소진해 버린다. 이렇게 되면 복합기능팀은 힘을 잃고, 전체적으로 볼 때 자기 무게를 이기지 못해 무너지고 만다. 이렇게 되면 회사는 급류 단계로 돌아간다.

회사를 예측가능한 성공 단계로 이끄는 데 훨씬 더 효과적인 방법이 있다. 기존의 복합기능팀의 성과를 희석시킬 게 아니라 강화하는 것이다. 구체적으로, 적은 수의 복합기능팀에 이전보다 더 많은 권한과 책임을 부여해 힘을 실어주는 것이다. 이는 복합기능팀의 업무 수행을 확대하기보다는 더 깊게 들어가는 개념이다.

이렇게 하는 것이 예측가능한 성공 단계로 가는 매우 효과적인 길이다. 그 3가지 이유는 다음과 같다.

1) 성공이 성공을 만들어낸다

관리자들 간의 수평관계가 성공적으로 구축되고, 직원들이 복합기능을 발휘하기 시작하면 '더 깊이 들어가고자' 하는 열망이 생긴다.

이러한 방식으로 더 많은 것들을 이뤄내고 싶어지는 것이다. 몇 개월 동안의 뚜렷한 성공으로 인해 관리자들도 점차 복합기능팀에 대한 경계를 낮추고, 자신들의 권한을 팀에 위임한다. 즉, 관리자들은 자신의 능력에 한층 더 자신감을 갖고 뛰어난 의사결정과 실행, 더 높은 곳으로 오르려는 열망을 느끼기 때문이다.

2) 권한위임은 복합기능팀의 역할을 확대한다

복합기능팀에 더 많은 권한과 책임을 부여하면 어떤 변화가 생길까. 직원들은 스스로 의사결정을 내리고 더 많은 도전과제를 수행한다. 직원들의 팀으로서의 능력도 더욱 촉진된다. 이는 관리자가 노련한 직원으로 구성된 믿을 수 있는 팀을 손에 넣는 셈이다. 이들은 나중에 또 다른 복합기능적 활동을 위한 '씨앗'이 되어 다른 사람들을 지원하고 조언하는 코치가 된다. 그 결과 준비가 안 된 상태에서 직원들의 에너지를 낭비하지 않으면서도 복합기능적인 의사결정 방식을 회사 전체에 정착시킬 수 있다.

이러한 상승효과는 시간이 흐르면 직원들에게 자연스럽게 복합기능적으로 생각하고 행동하고 결정하는 방법을 익히게 해준다.

3) 권한위임은 기대를 낳는다

적은 수의 복합기능팀의 성공을 지켜보면서, 그리고 더 많은 권한이 위임되는 것을 지켜보면서 다른 사람들도 그 팀에 들어가고 싶은 열망을 느낀다. 이는 경영자가 더 많은 복합기능팀을 만들어 직원들이 무작정 그 과정에 참여하게 하는 것보다 훨씬 더 좋은 효과를 낸다. 예측가능한 성공 단계로 가는 초기에는 너무 많은 복합기능팀을 활용하고, 권한을 위임하는 것은 좋지 않다. 그렇게 하면 직원들은 이 기간이 쓸모없고 시간만 낭비하는 것으로 느끼기 때문이다. 그러나 초기에 한두 팀을 성공적으로 운영하면 복합기능팀의 확대는 필수적이고 강력한 도구라는 것을 알게 된다.

초기에 어느 정도 공급을 제한함으로써 복합기능팀에 대한 관심을 높이면 나중에 다른 직원들이 열정적으로 참여할 가능성도 높아진다.

6. 주인의식과 책임감

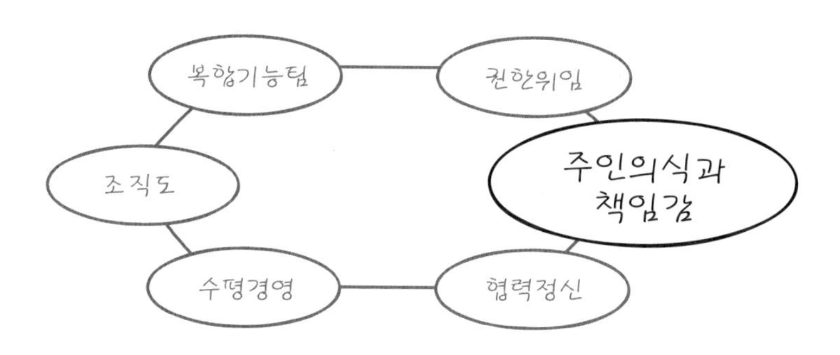

급류에서 예측가능한 성공 단계로 가는 여섯 번째이자 마지막 단계는 직원들에게 주인의식과 책임감을 다시 타오르게 하는 것이다. 주

인의식과 책임감은 예측가능한 성공 단계로 가는 길에서 가장 중요한 요소이다. 주인의식과 책임감은 회사를 예측가능한 성공 단계로 이끌어주는 촉매제일 뿐 아니라 그 단계를 유지하게 해주는 고정핀 역할을 한다. 그럼으로써 다시 급류 단계로 돌아가거나 쳇바퀴 단계로 나아가는 것을 막아준다.

그런데 주인의식과 책임감은 무엇을 의미할까?

예측가능한 성공이라는 맥락에서 설명하자면, 직원들이 스스로 회사의 주인이라고 생각하고, 공식적으로 주어진 책무와 상관없이 자신이 맡은 바를 성공적으로 완수해서 좋은 성과를 내는 책임감이다.

일반적으로 주인의식과 책임감은 재미 단계에 있을 때 가장 높다. 이 단계에서는 창업자가 채용 결정에 깊이 관여한다. 이는 다른 말로 강한 주인의식과 책임감을 가진 사람들이 채용될 가능성이 높다는 것을 의미한다. 또한 회사 내부를 뻔히 들여다볼 수 있는 투명한 상황에서는 직원들이 한가하게 숨어 있을 곳이 없다는 것을 의미한다.

급류에 휩쓸리면 직원들의 협력과 비전은 줄어들고, 채용 과정에서 창업자는 독단적이 되고, 회사 운영은 불투명해진다. 이것들이 복합적으로 작용하면 주인의식과 책임감은 줄어든다. 그 대신 "내가 뭘하든 아무 상관없어. 왜냐하면 아무도 알아차리거나 신경 쓰지 않으니까"라는 무기력감이 자리를 차지한다. 극단적일 경우는 "아무도 내가 뭘하는지 알지 못하는데 내가 왜 열심히 해야 돼?"라며 아예 일에 관심을 끊는다.

급류 단계에서 경영자가 겪는 큰 어려움이 있다. 직원들에게서 주인의식과 책임감이 결여되면 '밀어 붙이는' 식으로 회사를 이끌어간다는 점이다. 관리자들도 직원들을 관리 감독하면서 모든 결정을 강행하는 상태가 된다. 왜냐하면 직원들은 스스로 무언가를 하려고 하지 않기 때문이다. 이러한 상황이 되면 경영자는 신속히 주인의식과 책임감을 갖도록 끌어 당겨야 한다. 즉, 채찍을 휘두르는 감독이 아니라 주인의식을 갖고 역할을 하는 팀의 일원이 되어야 한다.

경영자가 주인의식과 책임감을 되찾고 '밀어 붙이던' 경영에서 '끌어당기는' 경영으로 변화하면 급류에서 예측가능한 성공으로 갈 수 있는 마지막 역동성을 이끌어낼 수 있다. 여기서 주인의식과 책임감을 재현해내기 위한 4가지 중요 사항을 소개한다.

1) 스스로 주인의식을 느끼게 하라

주인의식과 책임감이 급류에서 예측가능한 성공 단계로 끌어올려주는 원동력이라면 왜 진작부터 급류에 빠졌을 때 이를 주입시키지 않았을까?

그렇게 할 수 없기 때문이다. 직원들에게 주인의식과 책임감을 불어넣는 방법을 증명하려는 책과 논문은 아마존 우림의 나무처럼 많다. 그러나 주인의식과 책임감은 강요해서 생기는 것이 아니다. 이는 개인에 의해 자발적으로 만들어지는 내면의 신념체계이며, 개인에 의해서만 최대한으로 끌어올릴 수 있다. 내면의 동기가 전혀 없는 직원에게 주인의식과 책임감을 강요한들 무슨 소용이 있겠는가.

이것은 아이러니하게도 이 단락에서 설명하는 6가지 요소 중 가장 강력하고도 경영자가 직접적으로 통제하기 가장 어려운 요소이기도 하다.

2) 올바른 환경을 만들어주어라

경영자가 직원들에게 주인의식과 책임감을 갖도록 직접적인 영향력을 발휘하지 못한다면 예측가능한 성공 단계로 올라가는 것은 뜻밖의 행운이나 인내심에 달려 있다는 말인가? 경영자는 주인의식과 책임감이 살아나기만을 희망하면서 기다려야 하는가?

다행히도 그렇지 않다. 사실 올바른 환경을 제공하기만 하면 주인의식과 책임감은 저절로 살아난다. 그리고 앞서의 다섯 단계가 주인의식과 책임감을 활성화시키는 올바른 환경을 제공한다.

급류의 격렬한 혼란 속에서 방향을 잃은 직원들은 회사가 안정화되고 정상적으로 돌아간다고 보이면 주인의식과 책임감을 회복하기 시작한다. 직원들은 관리자들이 조화롭게 협력하면서 일하는 모습과, 동료들이 무리가 아닌 복합기능성을 발휘하면서 일하는 모습을 볼 수 있어야 한다.

다시 말해 5개의 요소(조직도, 수평경영, 협력정신, 복합기능팀, 권한위임)를 경영자가 꾸준히 실행하면 된다. 그러면 회사는 부활하고, 더욱 분명해진 비전으로 활력을 얻은 직원들은 주인의식과 책임감을 자연스럽게 되찾는다.

3) 변화 의지가 없는 관리자는 교체하라

회사가 급류에서 예측가능한 성공 단계로 전환되는 것은 어떤 관리자에게는 시험이 될 수도 있다. 자신의 역할을 리더십이 아닌 권위에 기반을 둔 관리자는 부하직원들이 주인의식과 책임감을 갖는 것을 원치 않는다. 왜냐하면 주인의식과 책임감을 갖는 것은 팀원의 능력을 향상시켜 자신의 역할을 약화시키는 것으로 생각하기 때문이다.

만약 이러한 관리자들이 중요한 자리에 있고, 새로운 체제에 맞춰 변하려는 의지와 능력이 없다면 즉각 교체되어야 한다.

4) 능력이 부족한 직원들은 내보내라

대부분의 직원들이 주인의식과 책임감을 회복하고 재편된 회사의 사명과 비전, 가치에 열정적으로 헌신하면 어떻게 될까. 아마도 해야 될 최소한의 일만 하려고 하는 직원들은 점점 고립된다. 복합기능적으로 일하려는 생각이 별로 없는 직원들도 고립되기는 마찬가지다.

이러한 직원들은 급류의 혼란과 불투명성 속에서 운좋게 살아남았을 수도 있다. 하지만 회사가 예측가능한 성공 단계로 가면서 주인의식과 책임감의 부족은 점점 더 드러난다. 경영자는 이러한 직원들을 잘라낼 필요를 절실히 느낀다.

Summary

· 급류에서 예측가능한 성공 단계로 가기 위해 경영자는 의사결정 구조에 6가지 의 구체적인 변화를 주어야 한다.

· 첫째, 조직도 자체가 의사결정 체계가 되도록 재구축해야 한다.

· 둘째, 관리자들은 상사나 부하직원과 수직적 관계를 유지하면서 동시에 동료 관리자들과 수평적 관계를 맺어야 한다.

· 셋째, 관리자들은 회사 전체에 협력정신을 확산시켜야 한다. 또한 직원들이 사명, 비전, 가치를 새롭게 이해하고 인식할 수 있도록 북돋아야 한다.

· 넷째, 경영자는 반드시 회사 전체에 복합기능적인 의사결정 방식을 도입하고 실행해야 한다.

· 다섯째, 복합기능적으로 일하는 팀에게는 시간이 지남에 따라 더 많은 권한과 책임이 위임되어야 한다.

· 여섯째, 위의 5가지 과정이 실행되면 직원에게는 주인의식과 책임감이 자연스럽게 생겨나고, 예측가능한 성공 단계로 가는 마지막 과정에 힘이 실린다.

· 각각의 여섯 단계에 반발하는 관리자와 직원이 나타난다. 경영자는 예측가능한 성공 단계로 가는 길에 이들을 동참시킬 것인지 배제할 것인지 고민해야 한다.

10 장

너무 많이 갔을 때 해야 할 일

쳇바퀴에서 빠져나오기

"만약 마음만 먹는다면 자신을 전문경영인이라는 허상 속에 감추고,
어떤 문제든 업무 흐름 속에 숨길 수 있다."
– 제프리 이멜트

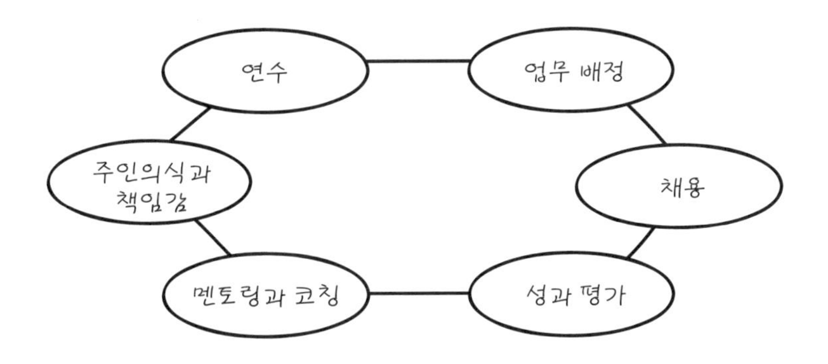

이 책 전반에 걸쳐 살펴본 것처럼 조직이 예측가능한 성공 단계에 도달했을 때 직면하는 가장 큰 위험이 있다. 즉, 경영자가 절차나 제도에 너무 의존한 나머지 회사를 과잉 관리하게 되고, 회사는 경영자 자신도 모르는 사이에 조용히 쳇바퀴 상태에 빠지는 것이다.

쳇바퀴 상태는 회사에 파괴적인 영향을 미친다. 하지만 그 과정은 느리고 오히려 겉으로 보기에는 자연스럽게 느껴진다. 그래서 회사가 왜 쳇바퀴 단계에 빠지는지 깨닫기가 매우 어렵다.

먼저 쳇바퀴 단계로 가는 과정은 자연스럽다. 왜냐하면 급류의 소용돌이에서 건져내 회사를 예측가능한 성공 단계로 끌어올린 것은 절차와 제도에 초점을 맞췄기 때문이다. 그래서 경영자는 가능하면 많은 영역에 걸쳐 절차와 제도를 도입하려 할 것이다. 그리고 이는 전적으로 합리적으로 보인다.

또한 쳇바퀴 단계로 가는 과정은 느리다. 왜냐하면 인간의 노화 과정처럼 쳇바퀴 단계로 가는 길은 작고 점진적인 과정으로 이뤄지기 때문이다. 매일 느낄 수 있을 만큼의 큰 변화가 아니다. 회사가 조직화된 까닭에 경영의 융통성도 조금씩 줄어든다. 하지만 경영자들은 이를 걱정하기는커녕 눈치도 채지 못한다. 그러나 이러한 작고 점진적인 손실은 시간이 지남에 따라 쌓이게 된다. 이렇게 수개월, 수년이 흐른 뒤에야 경영자는 현실과 마주한다. 즉, 자신의 회사가 이전의 강력함과 융통성을 잃고 경쟁에서도 우위를 잃은 모습을 발견한다.

회사가 쳇바퀴 단계로 나아가는 것을 막고 예측가능한 성공 대열에 다시 오르도록 하는 데에는 2가지의 문제가 대두된다.

1. 쳇바퀴 단계로 나아가는 과정이 느리고 점진적이라면 그 과정이 일어나는지를 어떻게 알 수 있는가?

2. 만약 문제가 과잉 절차와 제도에서 기인한 것이라면 예측가능한 성공으로 되돌아가기 위해서는 어떤 도구를 사용해야 하는가? 다시 말해, 절차와 제도에 대한 의존을 줄이려면 어떤 절차나 제도를 도입해야 하는가?

멍청아! 답은 사람이라고

2가지 질문에 대한 답은 간단하다. 바로 사람이다. 쳇바퀴 단계로 쇠퇴하는 양상을 바꿀 수 있는 것은 사람이다. 따라서 회사를 예측가능한 성공 단계로 되돌리고 싶다면 경영자는 사람에 주목해야 한다.

경영자는 급류에서 빠져나오려고 효과적인 의사결정을 위한 절차와 제도를 마련했다. 마찬가지로 쳇바퀴에서 빠져나오려면 구성원들을 둘러싼 절차와 제도를 구축해야 한다. 이렇게 함으로써 예측가능한 성공 단계로 되돌아가는 데 필요한 균형을 회복한다. 즉, 쳇바퀴 단계에서 잃어버린 제도와 비전 사이의 균형, 절차와 창의력 사이의 균형, 형태와 기능 사이의 균형을 회복하는 것이다.

그런데 사람을 둘러싼 절차와 제도를 어떻게 구축해야 회사가 균형을 회복하고 예측가능한 성공 단계로 다시 돌아갈 수 있을까? 어쩌면 더 심한 쳇바퀴 상태로 나아갈 수도 있는데 말이다. 이를 이해하기 위해서는 먼저 회사가 쳇바퀴 상태가 됐을 때 어떤 일이 발생하는지를 면밀히 살펴볼 필요가 있다.

급류 단계에서 절차와 제도를 도입하는 것은 회사를 예측가능한 성공 단계로 끌어 올려주었다. 그런데 경영자가 절차와 제도에 너무 의존하면서 회사가 쳇바퀴 상태로 떨어졌다. 이렇게 회사가 쳇바퀴 상태가 되는 근본적인 원인은 무엇일까? 절차와 제도에 과도하게 의존하는 것은 실제로 어떤 영향을 미치는 것일까?

엄밀히 말해 회사가 쳇바퀴로 떨어지는 것은 절차와 제도 그 자체에 대한 과도한 의존 때문만이 아니다. 절차와 제도의 사용자, 즉 회사의 직원들이 지식과 능력, 융통성을 잃어버렸기 때문이다. 쳇바퀴 단계로 빠지는 핵심 원인은 절차와 제도의 존재 자체가 아니라 사람들이 거기에 너무 의존하는 것이다.

혼자 사는 남자 집에 냉장고가 있고, 가까운 곳에 편의점이 있으면 요리하는 법을 잊거나 전혀 배우지 않는다. 또 계산대에서 일하는 점원이 계산을 다 해주는 POS시스템을 사용하면 거스름돈을 계산하는 법을 잊거나 전혀 배우지 않는다. 또한 세일즈 매뉴얼이나 체크리스트를 갖고 있는 세일즈맨은 고객과 진정으로 대화하는 방법을 잊거나 전혀 배우지 않는다.

마찬가지로 분기별 목표, 월간 예산, 주간 활동계획과 일간 보고서, 시간별 스케줄이 모두 짜여 있는 팀의 팀장은 어떻게 일할까. 스스로 팀을 어떻게 바로잡고 격려하고 동기를 부여할지를 모르거나 전혀 배우려하지 않는다. 또한 연례 주주총회나 분기별 이사회, 월간 경영진 회의와 주간 영업회의, 하루의 실적표와 5주간의 계획표를 갖고 있는 회사의 CEO는 어떻게 일할까. 꿈을 꾸는 방법, 혁신하고 창조해내는 방법을 잊어버리거나 전혀 배우지 않는다.

예측가능한 성공 단계가 되면 구성원들은 서서히 절차와 제도에 의존하기 시작한다. 그래서 절차와 제도라는 덩굴은 회사의 창의력과 혁신성, 기업가적 정신, 비전, 위험을 감수하려는 생명력을 앗아가기 시작한다. 그 결과 회사는 쳇바퀴 단계로 멈추지 않는 추락을 시작한다.

그렇다고 기존의 절차나 제도를 해체하는 것도 답이 아니다. 그렇게 하는 것은 회사를 급류 단계로 돌려보내는 것밖에 안 된다. 정답은 직원들이 절차와 제도를 활용하는 방법에 변화를 주어야 한다.

혼자 사는 남자도 원하면 일주일에 한 번쯤은 슈퍼에서 시장을 봐 집에서 음식을 해 먹을 수 있다. 만약 점원이 먼저 잔돈 계산을 머릿속으로 하면 어떨까? 가끔은 세일즈맨이 고객과 진실되고 열정적인 관계를 맺기 위해 정해진 대사를 사용하지 않으면 어떨까? 만약 관리자가 부하직원과 상담하기 위해 업무 회의를 뒤로 미루면 어떨까? 만약 CEO가 매주 목요일 아침마다 우연히 마주치는 직원과 한두 시간 대화를 나누면 어떻게 될까? 아니면 1년에 1~2주 바닷가로 휴가를 떠나 비즈니스를 전략적으로 고려하는 시간을 갖는 것은 어떨까?

위의 각각의 상황에서 사람들은 절차와 제도를 활용하기보다는 그것에서 벗어나 더 좋은 결과를 모색한다. 그렇게 함으로써 회사가 쳇바퀴 단계로 나아가는 것에서 보호를 받을 수 있다. 또는 회사가 이미 쳇바퀴 단계에 빠졌다면 절차와 제도는 회사를 예측가능한 성공 단계로 되돌려주는 강력한 도구가 된다.

그러나 경영자는 직원들이 지속적이고 자발적으로 이 모든 절차와 제도의 필요성을 알게 되기까지 그저 기다리고 있을 수만은 없다. 그래서 경영자는 새로운 절차와 제도를 다시 만들 필요를 느낀다. 그러나 새로운 절차나 제도는 직원들이 기존의 절차와 제도를 정확히 사용할 수 있도록 동기를 부여하고 유도하고 격려함으로써 준비가 되어야만 효과를 발휘한다.

쉽게 말해 기존의 절차와 제도를 사용하는 방법을 바꾸기 위해 새로운 절차와 제도를 도입하는 것이다. 이렇게 함으로써 쳇바퀴로 떨어지는 것을 막고 예측가능한 성공으로 되돌아가게 해준다.

1. 채용

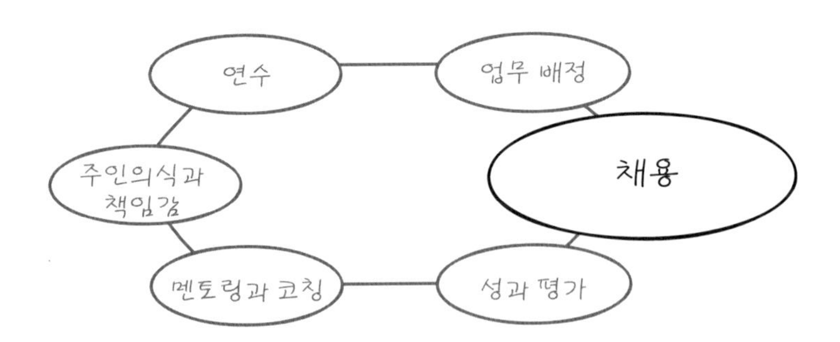

첫 번째로 '사람의 영역'에서 관심을 가져야 할 것은 채용 절차이다. 이는 강의 수원지와 비교할 수 있다. 제9장에서와 마찬가지로 이번에도 순서가 중요하다. 먼저 고용할 직원들의 수준이 함께 일을 하기에 적절하다는 확신이 들지 않으면 안 된다.

채용 과정을 자세히 검토하는 것은 판박이 단계로 떨어지는 것을 가장 잘 막아준다. 쳇바퀴 단계에서 과도하게 조직화된 쳇바퀴 문화에 빠져 있는 사람을 채용하는 것은 좋은 선택이 아니다. 이는 회사의 쇠퇴를 줄이기보다는 가속화시키며, 예측가능한 성공 단계로 되돌리기보다는 판박이 상태로 밀어낸다.

쳇바퀴 상태의 회사가 채용 과정의 활기를 되찾기 위해 취할 수 있는 4가지 방법이 있다. 이것들은 회사의 하락세를 멈추고 반전시킬 수 있도록 도와준다.

1) 오로지 공정하게 경쟁으로 채용하라

쳇바퀴 상태의 회사는 종종 '우리는 내부에서 채용한다'는 방침을 강조한다. 이는 몇 가지 이유 때문에 발생한다. '가족'이라는 개념을 유지하고자 하는 바람일 수도 있고, 기존의 직원들에 대한 충성심일 수도 있다. 후보자를 평가하는 일이 더 쉬워서일 수도 있고, 일을 배우는 데 시간이 적게 걸려서일 수도 있다. 내부 후보자가 업무에 적합할 가능성이 높기 때문일 수도 있고, 혹은 비용이 덜 들기 때문일 수도 있다. 이러한 모든 유혹 때문에 내부에서 채용하는 방침은 훌륭하고 신중해 보일지도 모른다.

그러나 사실 내부 채용을 너무 강조하면 회사는 더욱 빨리 쳇바퀴에서 판박이 단계로 떨어진다. 또한 예측가능한 성공 단계로 돌아가는 데 아무런 도움이 되지 않는다. 왜냐하면 내부 채용은 종종 쳇바퀴로의 추락을 시작하게 한 바로 그 관행에 보상을 주는 것과 다르지 않기 때문이다. 즉, 절차와 제도에 과도하게 의존하고 기준이나 관행을 맹목적으로 준수했던 것에 보상을 하는 것과 같다.

이러한 논리 오류는 이렇게 생겨난다. 절차와 제도는 훌륭하다 → 따라서 절차와 제도를 따르는 것은 훌륭한 일이기에 보상을 한다 → 그러므로 절차와 제도를 준수하는 사람은 승진한다 → 평지풍파를 일으키는 사람은 승진하지 못한다. 이러한 악순환 끝에 기업은 쳇바퀴 상태에 빠진다.

따라서 내부 채용을 너무 강조하면 쳇바퀴 단계를 증폭시키는 결과로 작용한다. 쳇바퀴를 빠져나갈 방법을 찾는 게 아니라 쳇바퀴로 밀어낸 바로 그 사람을 승진시키는 꼴이 되는 것이다. 그렇다고 전적으로 외부 채용만을 고집해야 한다는 것은 아니다. 이는 다른 한편으로 직원의 이직률을 높이고, 기존 직원의 훌륭한 경험과 지식을 잃는 것이며, 회사의 문화적 응집력을 약화시킨다.

정답은 모든 채용을 경쟁을 통해 이뤄지도록 하는 것이다. 물론 내부 후보자가 지원할 수는 있지만 수준 높은 외부 후보자와 경쟁하도록 하는 것이다. 이는 채용과정에 여러 가지 변화를 가져온다. 내부 후보자는 단순히 회사에 근무하고 있고 근속을 했다는 사실에 의존해 직책을 보장받을 수 없으며, 새로운 업무를 수행하는 데 필요한 능력을 갖고 있어야 한다. 인사관리자는 외부 후보자로부터 그 업무에 대한 새로운 생각과 접근방식을 보고 듣는다. 내부와 외부 사람들이 섞여서 고용되고 어느 누구도 이 과정에서 우위를 점해서는 안 된다.

가장 중요한 것은 이렇게 함으로써 문제되는 사람들을 승진시키는 모순을 자동적으로 제지할 수 있게 된다.

2) 수평 이동을 시켜라

경쟁적인 채용으로 인해 기존 직원들은 이제 승진의 길이 막혔다고 생각할 수도 있다. 경영자는 이러한 직원들이 각자의 커리어 목표를 달성할 수 있도록 도와야 한다. 하나의 방법은 긍정적인 분위기에서 수평적으로 직무 이동을 권장하는 것이다. 즉, 직원들이 회사에서 직급은 유지하면서 업무를 바꿀 수 있도록 권장하는 것이다. 이를 통해 커리어 개발의 폭을 넓혀줄 수 있다.

이렇게 하면 직원들이 자신만의 '안전지대'에서 나오게 하는 추가적인 효과도 있다. 이는 체스에서 나이트를 움직이는 것과 같은 효과를 말한다. 직원들이 기존에 몰두했던 절차와 제도에서 벗어나 새로운 영역으로 들어가는 것이다. 직원들은 새로운 영역에서 새로운 비전으로 회사가 돌아가는 상황을 볼 수 있게 된다. 이것이 바로 쳇바퀴에 빠진 회사가 반드시 필요로 하는 것이다.

3) 명확한 복합기능적 채용 과정을 활용하라

인사관리자가 새로운 직책에 사람들을 임명하는 전권을 갖는 것은 쳇바퀴 단계로 가는 지름길이다. 혼자의 방식으로 일을 하면 대부분의 사람들은 기존에 이상적이었던 태도와 접근방식을 가진 사람을 고용한다. 그러나 쳇바퀴 상태에서는 이러한 태도와 접근방식에 대대적인 개혁이 필요한 시점이다. 이 단계에서는 흐름에 순응하라는 압박이 강하다. 따라서 관리자가 자신의 방식에서 벗어나고, 눈에 거슬리는 사람을 채용하기는 어렵다. 심지어 건설적이고 긍정적인 거슬림이라도 마찬가지이다.

이의 해결책은 인사관리자를 포함해 채용을 위한 복합기능팀을 활용하는 것이다. 동시에 새로운 직원에게 —특히 채용 당시에— 회사에서 바라는 태도와 자질을 명확히 설명하고 안내해주는 것이 중요하다. 많은 고용주가 "나는 항상 나보다 더 똑똑한 사람을 고용하려고 노력합니다"라고 주장한다. 이 같은 주장은 인사관리자가 채용을 위한 복합기능팀에 속해 있고, 그 팀이 명확히 규정된 채용 과정을 잘 따르며, 모든 직원이 정직하게 행동할 때 실현될 가능성이 높다. 그리고 이는 이미 증명이 되어 있다.

4) 순응하는 능력 외에도 적극적인 호기심을 추구하라

회사가 급류에서 예측가능한 성공 단계로 이동하기 시작했을 때로 돌아가보자. 채용 과정에서 볼 수 있었던 변화 중의 하나는 경영자가 절차와 제도를 사용해 성공적으로 일한 경험이 있는 사람 위주로 고용하려고 노력했다는 점이다. 이는 회사 내부에 부족한 경험을 채우려는 시도였다.

이제 쳇바퀴 단계에 빠진 회사에서 채용이라는 중요한 과정이 한 번 더 바뀌게 된다. 기존의 절차나 제도를 준수해야 할 필요성이 남아 있는 가운데 적극적인 호기심이라는 바람직한 특징이 추가된다. 회사는 맹목적인 준수를 원하지 않는다. 사실 그것을 반드시 물리쳐야 한다. 쳇바퀴 상태에서 필요한 것은 복잡한 절차와 제도의 필요성에 순응하면서도, 필요할 때에는 그러한 절차와 제도에 이의를 제기할 줄 아는 직원이다.

채용 과정은 간접적으로나마 직원이 취할 행동을 미리 파악할 수 있는 질문들, 역할극, 사례연구와 시험을 포함해야 한다. 그래야 새로운 직원이 회사에 적극적인 호기심이라는 자극을 준다.

쳇바퀴에서 예측가능한 성공 단계로 되돌아가는 길의 첫 걸음은 채용과정을 정비하는 것이다. 모든 직급에서 경쟁하도록 만들고, 사내의 수평 이동을 권장하며, 명확히 정의된 채용을 위한 복합기능팀을 활용하고, 채용에 있어 호기심을 필수적인 항목으로 정해야 한다.

2. 업무 배정

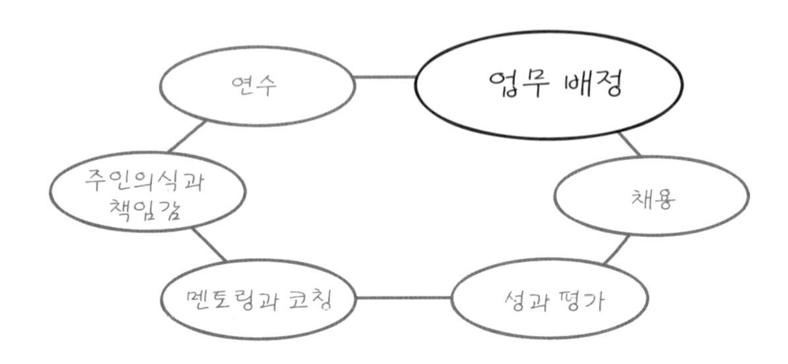

쳇바퀴 상태에 있는 회사가 염두에 둬야 할 두 번째 영역은 직원을 채용한 후 업무에 어떻게 배정할 것인가 하는 점이다. 사실 대부분의 회사들은 이에 대해 거의 고려하지 않는다. 일반적으로 채용이 끝나면 새로운 직원들은 약간의 오리엔테이션을 거쳐 당사자가 지원한 자리로 배치된다. 단순하지 않은가?

그러나 이러한 일반적인 과정은 쳇바퀴 단계에 빠진 회사의 쇠퇴를 가속화시킨다. 이 직원들은 과도하게 체계화되고 절차를 따르는 상태에서 업무를 수행하기 위해 고용되었다. 그리고 바로 그 절차와 제도를 따르도록 설명하는 오리엔테이션 프로그램을 거친다. 그런 다음 일터로 보내지는데, 어떻게 될 것 같은가? 거의 대부분 그 똑같은 절차와 제도를 따르게 될 것이다.

새로 채용된 직원들이 왜 그런 절차나 제도를 따라야 하며, 혹은 어떻게 하면 그 절차와 제도를 발전시킬 수 있을지에 질문을 던질 기회는 거의 없다. 직원의 업무배정 과정은 전형적으로 가부장적이다. 이는 직원들에게, 어쩌면 경영자 자신에게도 현재의 모든 것이 훌륭하며, 회사의 절차와 제도를 군말 없이 따라야 한다는 것에 동의하도록 만든다.

쳇바퀴로 가는 것을 멈추고 예측가능한 성공으로 되돌리기 위해서는 직원 업무 배정에 있어 3가지 측면을 고려해야 한다.

1) 경영자와 함께 하는 대화 중심의 오리엔테이션을 실행하고 '무엇'보다는 '왜'를 강조하라

대부분의 오리엔테이션 프로그램들은 가부장적 독백이라 할 수 있다. 연수 담당자나 경력이 많은 관리자가 회사의 역사에 대해 설명하고, 새로 채용된 직원들이 무엇을 어떻게 해야 할지를 알려준 뒤, 회사 문화와 사명에 대해 장황히 덧붙인다. 이미 살펴본 것처럼 이러한 방식은 과도하게 체계화된 회사를 그저 쳇바퀴 단계에 묶어 놓는 역할을 할 뿐이다.

쳇바퀴 단계에서 빠져나오려면 이러한 오리엔테이션 과정은 변해야 한다. 새로 선발한 직원들의 책임과 의무가 '무엇'이고 '어떻게' 해야 할지에 대해 일방적으로 통보해서는 안 된다. 직원들이 어떤 일을 해야 하는지에 대해 '왜' 대화를 해야 하는 것일까.

2가지 방법(직원들이 그 일을 '왜' 하는지 생각하도록 하는 것과 그에 대

한 대화를 가능하게 하는 것)은 기존의 절차와 제도를 분석하고 비판할 수 있게 만든다.

그리고 이러한 분석과 비판이 연수 담당자나 중간관리자가 아닌 고위관리자에 의해 이뤄지면 훨씬 더 좋다. 연수 담당자나 중간관리자는 현재의 상태를 방어하고 지지해야 하는 것으로 느낄 수 있기 때문이다. 방어적이지 않으며 열린 마음의 고위관리자가 열린 공간에서 새로운 직원들과 대화를 나누는 것이다. 즉, '우리가 무엇을 하는가' 만이 아니라 '우리가 왜 그것을 하는가'에 대해 솔직한 대화를 나누는 것이다. 이는 쳇바퀴 상태에 있는 회사를 예측가능한 성공으로 되돌리는 가장 효과적인 방법이다.

2) 한 자리에 3년 이상 있으면 안 된다

대부분의 회사에서 직원들은 새로운 자리가 나거나 회사를 떠날 때까지 신규 채용 시에 배정받은 자리에 머문다. 이러한 방식으로는 직원들에게 항상 최선의 결과를 내도록 기대하기 어렵다. 그리고 특히 쳇바퀴 단계에서 이러한 방식은 더욱 치명적인 결과를 낸다.

한 사람을 한 자리에 오래 두는 것은 장기적으로는 절차와 제도에 대한 의존을 심화시킨다. 한 직책에 '종신형을 선고받은' 직원은 초기에는 열정적이고 진취적으로 절차와 제도를 간소화하면서 향상하려고 노력할 수도 있다. 하지만 시간이 지나면서 타성에 젖고 구조화되어 바꿀 수 없는 딱딱한 일상에 적응한다.

쳇바퀴에서 빠져나오기 위해서는 최대 3년 정도만 한 자리에 머물게 하고, 다른 업무로 이동시키는 것이 좋다. 이렇게 함으로써 매번 할당되는 업무와 절차, 제도를 새로운 눈으로 바라보게 된다.

3) 안식년, 직무 체험, 직무 순환을 촉진하라

쳇바퀴 상태에 있는 회사가 직원들에게 안식년, 직무 공유, 직무 체험, 순환보직이나 그 밖의 다른 운영 방법에 새로운 안목을 갖게 하면 큰 혜택을 볼 수 있다. 이러한 혜택은 예측가능한 성공 상태에 있을 때보다 쳇바퀴 상태에서 더 크다.

루이스 브랜다이스(Louis D. Brandeis) 대법관은 "햇빛이 최고의 소독약"이라고 했다. 이는 쳇바퀴 단계에 있는 회사에도 잘 맞아떨어진다. 점점 더 망가져가는 절차와 제도는 완전히 드러나 개혁의 대상이 되어야 한다. 그리고 위에 언급한 여러 가지 프로그램들이 그것을 가능하게 해준다.

기한부 직무 배정과 새롭고 역동적인 오리엔테이션, 순환보직과 같은 활동들이 더해지면 쳇바퀴 상태에 있는 회사의 직원들은 새로운 관점과 탐구심을 갖는다. 이는 일상적으로 일을 하면서 더 깊숙한 판박이 상태로 짓누르는 대신 직원들에게 현재의 절차와 제도에 대한 사용을 되돌아보게 한다.

3. 성과 평가

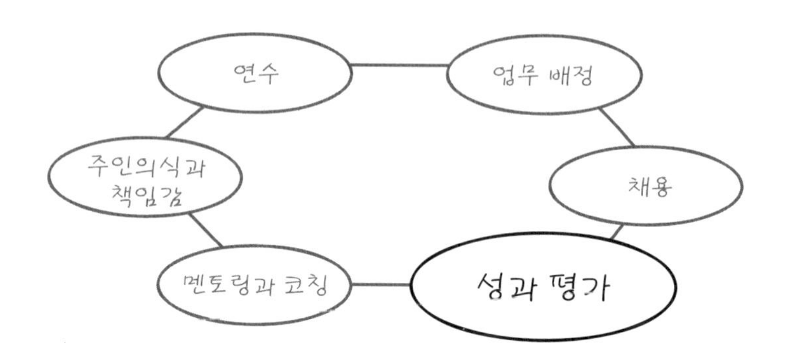

회사가 쳇바퀴 상태에 이르면 다른 무엇보다 절차와 제도를 맹목적으로 고수하는 전형적인 예가 등장한다. 이는 관리자의 입장에서나 부하직원의 입장에서나 마찬가지이다. 성과 평가(혹은 성과 관리)가 특히 그러하다.

쳇바퀴 상태에 있는 회사의 성과 평가는 사실 겉만 번지르르한 절차의 과도한 의존에 불과하다. 평가서는 몇 페이지를 넘겨도 계속되는 숫자놀음이며 알 수 없는 말들로 가득하다. 무엇보다도 직원들의 실제 활동과는 거의 무관하게 이뤄진다. 관리자도 싫어하고 직원들의 업무 수행과도 무관해서 경멸을 받기 십상이다. 이러한 평가는 경영에서 진정한 가치를 거의 얻지 못한다.

그럼에도 불구하고 성과 평가는 마치 시계추처럼 매년 정확히 이뤄진다. 어떤 불쌍한 영혼은 매분기마다 평가를 받기도 한다. 아마도 전

생에 극악무도한 죄를 지었다면 그에 대한 업보로 매달 평가를 받을 수도 있다. 이 말이 극단적인 비판으로 들릴 수 있겠지만 실제로 회사가 쳇바퀴에 빠지면 대부분의 평가는 거추장스럽기만 하고 얻는 게 거의 없다.

하지만 성과 평가가 반드시 나쁜 것만은 아니다. 잘만 이루어지면 직원들과 경영진에게 엄청난 동기를 부여한다. 그러나 구태의연한 시스템을 유지한다면 계속해서 회사를 상투적인 상태로 빠뜨리는 주요 원인 중 하나가 된다. 성과 평가가 쳇바퀴 증폭제에서 쳇바퀴 제거제가 되도록 만들어주는 3가지 주요 원칙이 있다.

1) 성공에 초점을 맞추라

많은 이유 때문에 성과 평가는 실패에 초점을 맞추고 있다. 사실 재미 단계에서는 평가가 어떤 식으로든 잘못한 직원을 교정할 목적으로 사용되었다. 성공한 직원은 가벼운 칭찬을 들었을 뿐이다. 경영 초기 단계에서 사용한 평가방식이 전형적인 방식으로 자리 잡아 실패에 초점을 맞추는 경향이 생긴 것이다.

쳇바퀴 단계에 있는 회사에서 '실패'란 절차나 제도 '엄수에 대한 실패'를 의미한다. 이것이 성과 평가가 사실상 '복종 평가'로 바뀌는 이유이다. 평가의 초점은 해당 직원이 절차와 제도를 정확히 따랐는지 아닌지의 여부에 있다. 이렇게 또 다른 쳇바퀴 상태에 대한 기폭제가 된다.

평가 절차가 회사를 예측가능한 성공으로 이끄는 도구가 되도록 하려면 실패가 아닌 성공에 초점을 맞추어야 한다. 그리고 절차와 제도를 잘 따랐는지의 여부가 아니라 가령 창의력이나 비전 활용에 대한 평가로 바뀌어야 한다. 평가는 무엇이 잘 되었는지를 검토하는 수단이 되어야지, 잘못되었거나 이뤄지지 않은 것에 초점을 맞춰서는 안 된다.

그렇다고 해서 직원들의 실패를 눈감아주어야 한다거나, 실수를 과잉 보호해주어야 한다는 말은 물론 아니다. 훌륭한 축구 코치가 선수들과 함께 다른 팀의 경기를 분석하는 것을 생각해보라. 헛발질만 해대는 경기의 영상을 10번 보여주는 것보다 멋진 경기 한 번을 보여주는 것이 더 가치 있지 않겠는가.

2) 자주, 진심으로 대화를 하라

경영자가 직원들과 건전하고 왕성한 대화의 기회를 많이 갖지만, 이를 활용하지 못하면 어떻게 될까. 그 회사는 쳇바퀴 단계에서 빠져나와 결코 예측가능한 성공 단계로 가지 못한다. 우리는 이미 오리엔테이션이 대화를 할 수 있는 기회라는 것을 확인했다. 성과 평가는 또 다른 대화의 기회이다.

부하직원이 성공과 실패의 근본 원인에 대해 상사와 솔직히 터놓고 이야기할 수 없다면 어떻게 될까. 서류 작업이 아무리 잘되었어도 평가에서는 아무런 가치도 발견할 수 없게 된다. 특히 쳇바퀴 상태의 회사에서는 상사가 방어적이고 규칙에 순종적이어서는 안 된다. 또는 부하직원과 잘 어울리지 않는다거나, 부하직원이 성공에 기여하는 (혹은 방해되는) 절차와 제도에 대해 솔직히 터놓고 말할 수 없다면 평가는 아무런 소용이 없다.

반대로 평가 절차가 진정한 대화로 이루어질 때 회사의 부흥에 커다란 기여를 한다. 그러기 위해서는 부하직원과 상사가 터놓고 솔직하게 대화를 나눌 수 있어야 한다. 해당 직원의 성과뿐만 아니라 그 직원이 활용하는 절차와 제도에 대해 그리고 그것들을 어떻게 발전시킬 수 있을지에 대해서도 대화를 나누어야 한다.

3) 결과를 발전을 위한 기초로 세워라

평가 절차를 예측가능한 성공의 도구로 쓰기 위한 세 번째 방법이 있다. 평가의 최종 결과를 이용해 직원 개인의 발전을 위한 계획을 세우는 것이다. 평가가 단순한 등급을 매기거나 점수로만 끝내서는 안 된다. 그 직원이 앞으로 직무 수행을 향상시킬 수 있도록 구체적이고 실행 가능한 목록을 작성하는 것이다.

이렇게 초점을 절차 엄수에서 직원 개인의 발전으로 옮기는 것은 매우 중요하다. 이는 단순히 절차와 제도를 따르는 것이 아니라 시간이 갈수록 발전하고 향상됨에 따라 보상을 받을 수 있다는 신호를 보내는 것이다.

평가 절차를 '실패 중심적이며 전문용어로 채워진 독백'에서 '개인의 발전에 초점을 맞춘 성공 중심의 대화'로 바꿔라. 그러면 예측가능한 성공 단계로 돌아가는 데 가장 강력한 도구를 얻는다.

4. 연수

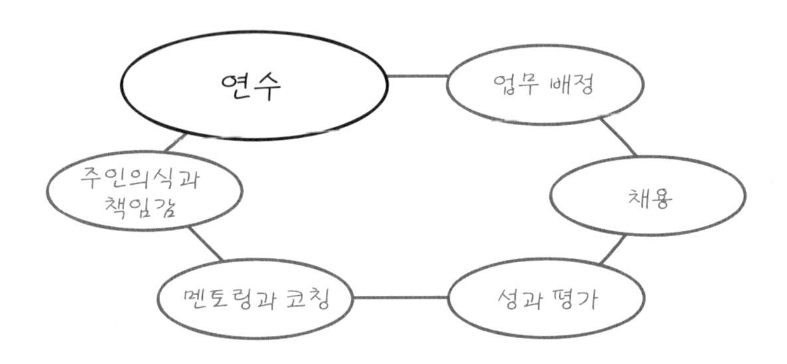

지금 우리는 회사를 예측가능한 성공으로 되돌릴 절차와 제도를 만들고 있다. 이는 절차와 제도가 사람을 관리하는 것이 아니라 사람이 절차와 제도를 관리할 수 있게 함으로써 이뤄진다.

우리는 채용 과정을 재설계했고, 직원의 업무를 어떻게 효과적으로 배정할 것인지 알아보았다. 그리고 성공지향적이고 개인의 발전에 초점을 둔 평가 과정을 실행했다. 이렇게 함으로써 다음을 확신할 수 있다. 예측가능한 성공에 기여하는 사람만이 채용되거나 승진할 것이라는 점, 그들을 적재적소에 배정해 쳇바퀴 단계로 미끄러지는 것을 방지해야 한다는 점, 절차와 제도에 단순히 순응하기보다는 개인의 발전에 초점을 맞추어야 한다는 점이다.

이후의 단계는 직원들이 원하는 발전을 달성하기 위한 연수를 제공하는 것이다. 이제 우리는 쳇바퀴로 가는 과정을 멈추고 예측가능한 성공으로 돌아갈 수 있도록 직원연수를 실행해야 한다. 이는 직원들에게 단순히 절차와 제도를 따르게 하는 것이 아니다. 실제로 성과를 내는 데 초점을 맞추도록 유도하고 격려하며 도전의식을 북돋아 줌으로써 이뤄질 수 있다.

직원들을 교육관에 모아놓고 파일을 나누어주고 파워포인트 발표를 퍼붓는 것만으로는 충분하지 않다. 이렇게 하는 것은 사실 회사를 판박이 단계로 밀고 갈 가능성만 더 높인다. 채용과 업무 배정, 성과평가와 마찬가지로 직원 연수가 회사를 예측가능한 성공으로 이끄는 데 효율적인 도구가 되게 하려면 이 또한 재설계해야 한다.

1) 연수는 발전에 초점을 맞추어야 한다

회사가 쳇바퀴 단계에 빠져들기 시작할 즈음이면 회사의 교육은 개성을 잃어가고 기계적인 학습을 되풀이한다. 연수 참가자들은 많은 양의 정보를 흡수해야 한다. 초점은 (쳇바퀴에서 늘 그렇듯) 실제로 얻어진 성과보다는 얼마나 많은 교육과정에 참여했는가와 얼마나 많은 주제를 다루었느냐에 있다.

직원들이 예측가능한 성공으로 가는 길에 동참하게 하려면 단순한 정보 전달이어서는 안 된다. 그들의 발전에 초점을 맞춰야 한다. 만약 구매 담당자가 매년 주요 공급업체와 협상을 해야 한다면 협상을 배우는 연수에 참가시킬 것이 아니라 더 나은 협상가가 되는 것을 가르치는 프로그램에 참가해야 한다. 판매직원은 판매에 대해 가르치는 프로그램이 아닌 더 나은 판매원이 되는 것을 가르치는 프로그램에 참여해야 한다.

쳇바퀴 상태에서 흔히 실행되는 가부장적이고 일방적인 연수는 단순히 회사의 승인된 방식과 절차를 반복할 뿐이고, 결국 쳇바퀴로 가는 과정을 악화시킨다. 반면 개인의 발전에 초점을 둔 교육 프로그램은 내용과 상관없이 그 사람이 가진 지식에 계속적인 질문을 던진다.

예측가능한 성공으로 되돌아가기 위해서는 위의 질문에 솔직하게 대답해야 한다. 이를 위해서는 연수 참가자가 연수 끝에 작성하는 '평가서'에 의존한 평가에서 벗어나야 한다. 그리고 '실제로 개인에게 일어난 변화'에 근거해 평가를 해야 한다. 이것은 단순한 평가서 작성보다 길고 복잡하며 어렵지만 더 유용하다. 따라서 다음의 질문을 던져라. 연수가 우리가 원하던 변화를 가져왔는가? 그렇지 못한가?

2) 완전한 소크라테스식의 문답법이어야 한다

위키피디아에 따르면 소크라테스식의 문답법은 다음과 같이 정의할 수 있다.

서로 다른 견해를 가진 사람들 사이에 질문이나 토론의 형태로 문답을 주고받으면서, 이성적으로 생각하도록 이끌고 사고를 명확하게 하는 방법.

쳇바퀴 상태에 있는 회사의 전형적인 연수 형태는 이것과는 반대다. 일반적으로 딱딱한 파워포인트 발표에 근거한 일방적인 독백이 주를 이룬다. 종종 열의 없는 집단 토론이 이뤄지기도 하는데, 진짜로 토론을 한다기보다는 미리 정해진 결론으로 끌고 간다.

오리엔테이션과 성과 평가를 검토하면서 이미 확인한 것처럼 가부장적 독백은 쳇바퀴에 빠진 회사에는 종말 선언이라고 할 수 있으며, 판박이 단계로 하락을 앞당긴다. 교육 기능 또한 경영진이 반드시 바꾸어야 할 부분이다. 특정 주제에 대해 전문가가 계속 떠들어대는 방식은 역동적인 상호작용으로, 건조한 독백은 참여적이고 열정적인 대화로 대체돼야 한다.

3) 지속적이고 정기적으로 임원진들을 포함시켜야 한다

쳇바퀴 상태에서는 회사 임원진이 교육 활동에 적극적으로 참여해야 한다. 그 이유는 2가지이다.

첫째, 아무리 치열한 소크라테스식 논쟁이 이뤄진다한들 그곳에 참가자들에게 유의미한 대답을 줄 수 있는 권위자가 없다면 쓸모가 없어진다. 물론 회사 연수 담당자나 외부에서 온 전문가들이 참여할 것이다. 그러나 회사에 실제로 변화를 줄 수 있는 책임자가 교육에 참여하는 것을 대체할 수는 없다. 회사가 일하는 방식을 바꿀 수 없는데 그 방법에 대해 토론한다는 것은 아무 쓸모없는 짓이며 결국 참가자들에게 좌절감만 안긴다. 그리고 토론이 실제적인 변화를 가져오지 못한다는 것을 깨달으면 그저 건성으로 토론을 한다.

둘째, 경영자 스스로도 수준 높은 직원들로부터 엄청난 양의 정보와 피드백, 아이디어와 에너지를 얻을 수 있다. 특히 회사가 쳇바퀴 상태에 빠졌을 때는 더욱 그렇다. 지루하고 기부장적이며 정보 전달에 바탕을 둔 연수를 개인의 발전에 초점을 두고, 소크라테스식의 대화가 이루어지며, 임원진이 정기적으로 참석하는 프로그램으로 바꾸어야 한다. 이는 쳇바퀴 상태의 회사를 예측가능한 성공으로 되돌리는 데 매우 중요한 역할을 한다.

5. 멘토링과 코칭

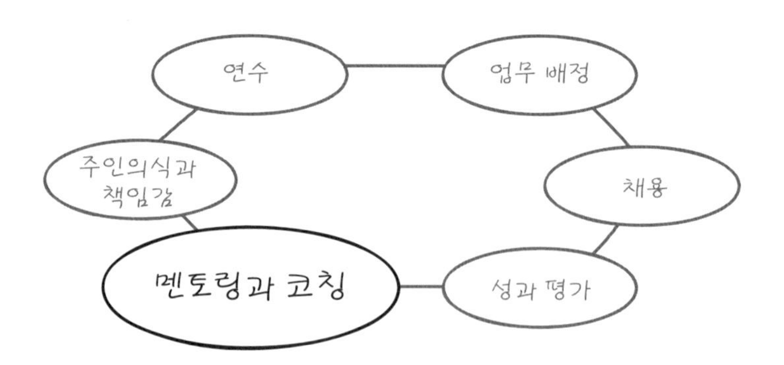

연수만으로도 훌륭한 수단이 될 수 있다. 그러나 효과적인 1:1 멘토링과 코칭이 수반되면 연수의 교육적 가치는 기하급수적으로 높아진다.

'코칭'은 상대가 기술적인 능력을 발전시킬 수 있도록 가르치는 것을 의미하고 '멘토링'은 각 개인의 인적 성장을 돕는 것으로 정의한다. 기업 여건에 따라 이와 반대로 코칭과 멘토링을 정의할 수도 있다. 그 둘을 제대로 구분하기만 하면 별 문제가 되지 않는다.

회사가 쳇바퀴 단계에 이르렀다는 것은 멘토링과 코칭 프로그램을 시행해도 좋을 만큼 기업의 규모가 크고 오랜 시간 경영되었다는 것을 의미한다. 그러나 쳇바퀴 상태에 있기 때문에 이 프로그램들이 자동화되고 정형화되어 있을 가능성이 크다. 이러한 회사에서의 멘토링과 코칭은 지속적인 변화를 달성하는 것보다 정해진 행동을 해나가는 데 초점을 맞춘다.

쳇바퀴 상태의 과도하게 관리된 멘토링과 코칭 프로그램이 활기를 되찾게 하고, 예측가능한 성공으로 가는 효과적인 도구로 이용되게 하려면 3가지 조치가 필요하다.

1) 그릇된 인식을 심어주는 멘토와 코치들을 잘라버려라

쳇바퀴 상태에서 과도하게 관리된 회사는 각 직원의 실제 모습보다는 '올바른 행동을 하는' 것처럼 보이는 직원이 상사에게 점수를 딴다는 인식이 팽배해 있다. 이 회사의 직원들은 지위와 가치를 높이기 위해 새로운 계획에 참여하고, 프로젝트팀에 참가하며, 회의에 참석하는 등의 행동을 한다.

따라서 멘토링과 코칭 프로그램도 이러한 점수를 따려는 불순한 방법의 하나이다. 그 결과 어떤 직원은 다른 직원을 도우려는 진정한 마음도 없이 회사 내부에서 자리를 잡기 위한 수단으로 멘토와 코치를 인식하고 신청서에 이름을 적는다.

이것을 인류애에 반하는 범죄라고 보기는 어렵다. 게다가 쳇바퀴 단계에서는 남에게 보이기 위해 무언가를 하는 것이 비교적 일반적이다. 그럼에도 불구하고 경영자는 멘토링과 코칭에 활력을 불어넣어야 한다. 가능하다면 모든 멘토와 코치들이 진심으로 프로그램에 임해야 하며 순수한 마음으로 다른 사람을 이끌어야 한다.

2) 보고를 줄이고 실험과 탐구를 격려하라

멘토링과 코칭의 가장 큰 장점은 참가자가 두려움이나 비판 없이 무언가를 시도할 수 있는 좋은 기회라는 것이다. 기계를 작동시키는 방법에 대한 코칭이건, 더 효과적인 지도자가 되기 위한 멘토링이건, 멘토링과 코칭을 하는 전반적인 목적은 발전을 이루도록 하는 것이다. 실제 업무라는 압박에서 벗어난 안전한 환경에서 새로운 기술을 시도하거나 아직 덜 개발된 자질을 보여줄 수 있다. 코칭 세션 중에는 기계 작동에서 실수를 한다고 해서 생산라인을 멈추거나 느리게 하지 않는다. 멘토링 세션 중 관리자는 부하직원을 혼란스럽게 하지 않으면서 다양한 경청 기술을 시도할 수 있다.

그러나 회사가 쳇바퀴 단계에 빠지면 준수에 대한 압박이 실험적

요소에 대한 인내심을 서서히 몰아낸다. '시도한다'는 것은 쳇바퀴와는 상반된다. 쳇바퀴에서는 기계적인 반복과 통상적인 일들만이 가치를 갖는다. 멘토링과 코칭 프로그램이 감시당하고 계량화되며 세세한 것까지 관리를 받는다. 조언을 받는 사람이 적합한 발전을 보이는가? 이번 달에 참가자들은 얼마나 많은 만남을 가졌는가? 얼마나 오래 만났는가? 무엇이 논의되었는가? 각각의 결과는 무엇인가?

결국 이러한 구태의연하고 전형적인 절차와 제도의 영향력은 멘토링과 코칭에까지 스며들어 직원들의 피를 말린다. 멘토나 멘티, 코치나 코치이(coachee: 코치로부터 코칭을 받는 사람—옮긴이) 모두 코칭과 실제 업무를 구별하지 못한다. 숨 쉴 공간도 없고 실수나 실험에 대한 인내심도 존재하지 않는다. 아무리 경영자가 예측가능한 성공을 위해 노력한다 해도 효과가 나타나지 않는다.

멘토링과 코칭에 숨 쉴 공간을 마련해주는 방법은 다음과 같다. 보고를 줄이고 대신 참가자들이 위험과 비판이 없는 환경에서 기술을 실험하고 발전을 탐험할 수 있게 해주는 것이다. 이는 회사를 급류에서 꺼내 예측가능한 성공으로 이끌었던 절차와 제도에 의존하는 것과는 상반된다. 그러나 회사가 판박이라는 치명적인 상태로 하락하는 것을 피하기 위해서는 절차와 제도를 따르는 습관화를 완화하고 탐구와 실험을 재도입하는 것이 필요하다.

3) 멘토링을 기술 분야와 지휘 체계에서 분리시켜라

멘토링과 코칭 프로그램은 참가자들이 일상 업무에서 함께 일하는 관계가 아닐 경우에 가장 효과적이다. 물론 기술에 기반을 둔 코칭은 그 영역 밖에서 코치를 찾는 것이 가능하지 않을 수도 있다. 판매원은 판매원에게 판매 기술을 가르쳐야 하고, 기계 조작자는 기계 조작자에게 기술을 가르쳐야 하니까 말이다. 하지만 멘토와는 이것이 가능하다. 두 경우 모두에서 코치나 멘토는 코치이나 멘티의 직속상관이 아니어야 한다.

이렇게 하면 절차를 따르는 관행에 젖어 있던 멘토링과 코칭을 쉽게 탐구와 실험의 영역으로 옮길 수 있다. 왜냐하면 직속 상사에게 코칭을 받거나 멘토링을 받을 때 느끼는 불안함을 없앨 수 있기 때문이다. 나중에 자신을 평가할 사람과 진정으로 실험과 탐구를 한다는 것은 불가능하지는 않더라도 매우 어렵다.

첫바퀴에서 예측가능한 성공으로 가기 위해서는 멘토링과 코칭 프로그램을 도입하거나 재설계해야 한다. 멘티나 코치이의 직속 상사가 아닌 사람들이 멘토와 코치로 참여해 참가자들이 탐구와 실험을 할 수 있는 공간과 시간을 주어 진정한 멘토링과 코칭이 이루어지도록 해야 한다.

6. 주인의식과 책임감

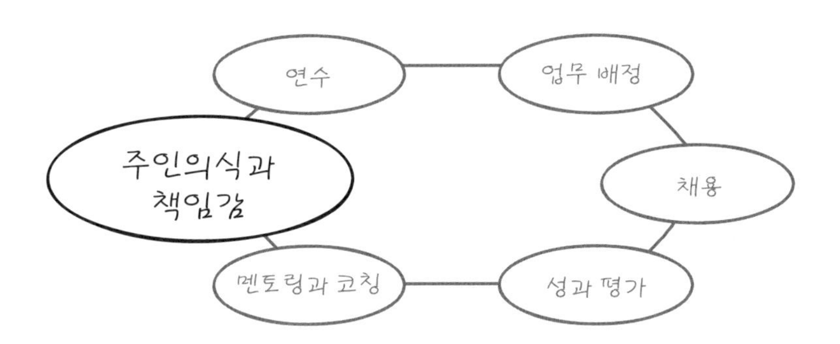

급류에서 예측가능한 성공으로의 이행에서처럼 쳇바퀴에서 예측가능한 성공으로 되돌아가는 것도 다른 5개 요인(채용, 업무 배정, 성과 평가, 연수, 멘토링과 코칭)의 누적된 변화가 주인의식과 책임감이라는 기업문화의 변화를 양산할 때 이루어진다.

급류 단계에서 만들어졌던 누적효과는 주인의식과 책임감이라는 문화를 재도입하는 것이었다. 이는 회사의 사명, 비전, 가치에 활기를 북돋우고, 새로워진 비전에 직원들을 맞추며, 직원들이 복합기능적으로 일할 수 있도록 권한을 줌으로써 이루어졌다.

쳇바퀴에서의 도전은 이와는 다르다. 주인의식과 책임감의 문화를 재도입하는 것이 아니라 기존의 것을 변형하는 것이다. 급류에서 예측가능한 성공으로 가는 길에 도입된 주인의식과 책임감의 문화는 여전히 존재한다. 그러나 결정적으로 그것의 초점이 변해버렸다.

예측가능한 성공 단계에서는 직원들이 성과에 책임을 지지만 쳇바퀴 단계에서는 행동에 책임을 진다. 예측가능한 성공 단계에서 직원들은 결과에 책임을 지지만 쳇바퀴 단계에서는 준수에 책임을 진다.

따라서 쳇바퀴 단계에서 직원들은 제때 정확하게 보고서를 제출하고 체크리스트를 꼼꼼하고 완전하게 작성하며, 예산을 정확하고 신중하게 작성하는 데 책임을 진다. 또한 다가올 큰 사건에 대해, 마감기한에 대해, 보고 일정표에 대해 책임을 갖는다. 그리고 회의와 프로젝트팀, 위원회 등에 등록하고 참여하는 데 있어 책임을 갖는다. 또한 규칙과 방침, 절차와 제도를 꾸준하게 준수할 책임을 갖는다. 따라서 쳇바퀴 단계에서는 주인의식과 책임감이라는 개념이 활발하고 무성하지만 잘못된 것에 초점을 둔다. 즉, 기능보다 형식에 집중하는 것이다.

쳇바퀴의 퇴보 상태를 뒤집고 예측가능한 성공으로 돌아간다는 것은 무엇보다도 직원들의 주인의식과 책임감의 초점을 바꾸는 데 있다. 즉, 직원들의 활동 수준을 확인하는 것이 아니라 실제적이고 측정가능하며, 결과를 달성할 수 있는 방향으로 돌리는 것을 의미한다. 그리고 급류 단계에서 주인의식과 책임감의 쇄신처럼 강요될 수 없다. 주인의식과 책임감의 본성은 내부에서 실현되는 것이다.

대신 회사가 이전의 다섯 영역의 변화를 효과적으로 이루어내면 누적된 결과는 개개인이 절차와 제도에 순응하도록 하는 것만이 아니라 주인의식과 책임감에 대한 초점을 실제적이고 측정가능한 성과를 내는 것으로 바꾸게 해준다.

1. **채용** _ 채용 절차를 재설계한다. 따라서 얼마나 많은 활동을 했는가가 아니라 성과에 초점을 두는 사람을 뽑고 승진시킨다.
2. **업무 배정** _ 오리엔테이션, 기한제 임기, 직무 순환 등의 프로그램들을 실행한다. 이를 통해 직원들이 특정한 자리를 고수하는 것을 핵심 목표로 두는 것이 아니라 실제 결과와 개인 발전에 초점을 두도록 격려한다.
3. **성과 평가** _ 정기적으로 꾸준하게 직원들과 그들이 어떻게 업무 수행을 하는가를 평가한다. 그리고 업무 수행에서 개선할 수 있는 사항을 분명하게 확인시켜준다.
4. **연수** _ 직원이 발전할 수 있는 기회가 보이면 발전에 초점을 둔 소크라테스식 화법의 연수를 제공하고, 임원진을 정기적으로 참여시킨다. 그래서 직원들이 정보만을 쌓아가는 것이 아니라 업무 수행이 실제로 변화할 수 있도록 한다.
5. **멘토링과 코칭** _ 회사 연수는 멘토링과 코칭 프로그램으로 발전시킨다. 이 프로그램은 업무를 진실되게 탐구하고 실험을 할 능력을 증가시킨다.

이 5가지 주요 변화의 효과는 회사의 '사각 지대'를 제거한다. 다시 말해 단순히 따라야 할 사항을 따르기만 하면 되는 업무 분위기를 없애고, 개인 발전에 초점을 두는 분위기로 바꾸는 것이다.

이 누적 효과는 회사의 주인의식과 책임감 문화를 변형시킨다. 준수와 활동량에 맞췄던 초점을 성과와 결과로 되돌려놓는 것이다. 이렇게 될 때 혹은 이미 이렇게 되기 전에 회사는 첫바퀴에서 판박이로 가는 하락세를 멈출 뿐 아니라 예측가능한 성공으로 돌아간다.

Summary

· 쳇바퀴 단계에서 예측가능한 성공으로 돌아가기 위해서는 경영자가 직원을 관리하는 방식에 6가지 구체적인 변화를 주어야 한다.

· 첫째, 경영자는 채용 과정을 재설계해서 쳇바퀴 단계를 유지할 직원이 아니라 예측가능한 성공으로 돌아가는 데 기여하는 사람만을 채용해야 한다.

· 둘째, 직원들의 업무 배정은 절차와 제도에 의존하지 않는 방식으로 바뀌어야 한다.

· 셋째, 성과 평가는 실패나 준수가 아닌 발전과 성공에 초점을 두어야 한다.

· 넷째, 연수 기능은 정보 전달 수단에서 역동적인 대화로 바뀌어야 하고, 어떻게 하면 더 잘할 수 있고 왜 잘해야 하는가를 탐구할 수 있어야 한다.

· 다섯째, 멘토링과 코칭 프로그램은 과도한 관리로부터 직원들을 해소시켜야 한다. 또한 기술이나 개인의 자질을 실험하고 탐구할 수 있도록 자유로워야 한다.

· 여섯째, 주인의식과 책임감은 준수와 활동 수준에 대한 초점에서 성과와 실제 결과로 방향을 바꾸고, 예측가능한 성공으로 돌아가는 마지막 힘이 된다.

11 장

정상에서 머물기

성공 단계에 영원히 머물 수 있다

"함께라면 우리는 부족하지 않다. 함께라면 우리는 최상의 팀이 될 것이다." – 스테판 슈왈츠

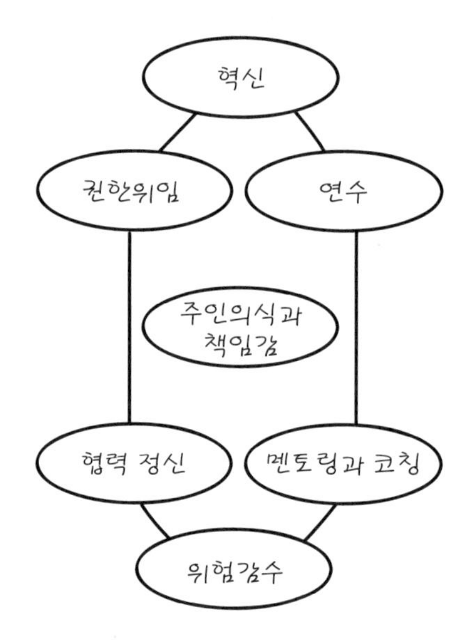

이제 예측가능한 성공에 도달하는 것은 한 번에 이뤄지는 것이 아니라는 점이 분명해졌다. 한쪽에서는 회사가 급류로 되돌아가는 것을

막기 위해 필요한 절차와 제도를 유지하려고 한다. 하지만 다른 한쪽에서는 이러한 절차와 제도에 과도하게 의존함으로써 회사가 쳇바퀴로 빠지는 것을 피하려는 노력을 한다. 이 둘 사이의 미묘한 세력 관계 때문에 회사의 상황은 하루하루가 위태롭다. 현재의 예측가능한 성공 상태에 안주하려는 경영자는 곧 이 상태에서 멀어져간다는 것을 발견한다.

사실 이론적으로는 회사가 예측가능한 성공 단계에 영원히 머무르지 못할 이유는 하나도 없다. 과학기술, 법률, 환경과 같은 외부 요인의 변화는 대부분의 회사가 언젠가는 따라잡게 된다. 균형을 유지하는 부분에서 절차와 제도가 강조되어야 할 때도 있고, 비전, 사업적 열의와 위험감수가 강조되어야 할 때도 있다. 그리고 무엇이 강조되어야 하는가는 계속해서 변한다. 경영자가 이러한 사실에 기민하게 반응할 때 회사는 무기한으로 예측가능한 성공에 머무를 수 있고 또한 그럴 것이다.

다음 두 단계는 예측가능한 성공 단계에 오래 머물게 해준다.

1단계: 2가지 균형 시스템의 도입과 유지

회사를 예측가능한 성공에 머물게 하려면 우선 앞에서 살펴본 절차와 제도들을 도입하고 적극적으로 유지해야 한다.

여기서 중요한 것은 9장에서 살펴본 기계적인 절차와 제도, 10장에서 설명한 역동적이고 사람 중심적인 절차와 제도 둘 다 필요하다는 것이다. 기계적인 절차와 제도는 회사를 급류에서 꺼내줄 의사결정 시스템을 만들어주고, 사람 중심적인 절차와 제도는 회사를 과도하게 관리해서 쳇바퀴로 빠지게 하는 것을 막아준다.

예측가능한 성공에 머무르는 것에는, 쳇바퀴 단계에서 되돌아오기 위해 필요한 절차와 제도의 도입, 유지가 포함된다. 따라서 지속적인 성공 단계가 첫 번째 예측가능한 성공 단계인 회사는 거의 없다. 대부분의 회사는 두 번째 '사람'에 대한 절차와 제도의 필요성을 확인하기 위해 쳇바퀴 단계에서 잠시 머무른다.

이 2가지 절차와 제도는 상호보완적이다. 2가지 절차와 제도를 통해 시스템을 고수하면서도 개인의 진취성을 격려할 수 있고, 직원들이 단순한 활동이 아닌 성과에 집중하게 할 수 있다. 2가지 절차와 제도로 인해 회사에는 결과에 초점을 두는 강하고 활발한 주인의식과 책임감의 문화가 생겨나고, 이것이 바로 예측가능한 성공의 핵심이다.

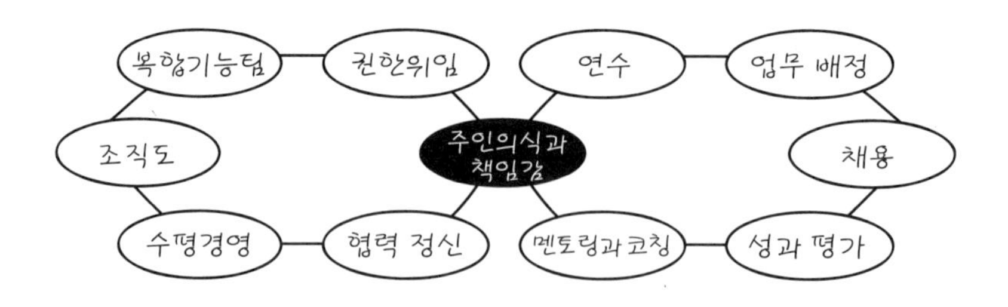

그림 11-1 주인의식과 책임감 - 예측가능한 성공에서 시스템의 균형을 맞춰주는 핵심

2단계: 혁신과 위험감수의 제도화

회사가 오랫동안 예측가능한 성공에 머무르기를 원한다면 한 가지 더 달성해야 할 것이 있다. 바로 혁신과 위험감수의 제도화이다. 지금까지 혁신과 위험감수는 창업자나 경영진들에게 전적으로 의지했던 능력이다. 그러나 이제 회사가 이러한 능력들을 발전시킬 수 있게 해야 한다.

이는 매우 중요하다. 왜냐하면 혁신과 위험감수가 회사가 매일 생각하고 행동하는 것의 기초가 되어 기반을 이루기 전까지는 사업적 열의와 비전을 잃을 수 있기 때문이다. 따라서 이러한 자질을 지닌 핵심 인사들을 활용해야 한다.

물론 현실적으로 회사 자체가 이러한 능력을 스스로 발전시킬 수는 없다. 회사는 무생물이니까. 우리가 진짜로 말하고자 하는 것은, 사람을 통해서 회사를 혁신시키고 리스크를 감수하는 능력을 가져오자는 것이다. 다시 말해 혁신과 위험감수가 선택된 소수의 경영진만이 쓸 수 있는 마법 주문이 아니라 직원 전체가 행할 수 있는 능력으로 변해야 한다는 것이다.

이렇게 하는 것은 2가지 이유에서 경영자에게 힘든 도전이다. 첫 번째 이유는 사업의 마법 주문을 갖고 있다는 것 자체가 경영자의 중요한 정체성이 된다. 특히 창업자가 아직 회사에 남아 있으면 더욱 그렇다. 그래서 경영자는 마법 주문을 직원들과 공유하기 싫어할 수도 있다. 이러한 경우라면 바꿀 수 있는 여지가 별로 없다. 그리고 이러한 회사는 창업자가 활달하게 비즈니스를 이끌어나갈 때만 예측가능한 성공을 맛볼 수 있다. 슬프게도 이는 가족회사에서 종종 일어나는 일이다. 첫 세대가 두 번째 (혹은 세 번째) 세대에 사업을 물려주었으나 마법 주문은 가족 DNA에 전이되지 않은 것을 종종 발견한다.

혁신과 위험감수를 제도화하는 것이 어려운 두 번째 이유는 경영자의 두려움이다. 직원들이 그토록 강력한 도구를 현명하게 다루지 못해 위험감수와 혁신이 회사에 이득을 주기보다 해를 끼칠까 두려워하는 것이다.

이러한 두려움은 이해가 된다. 그러나 1단계에서 실행한 절차와 제도를 통해 어느 정도 극복할 수 있다. 혁신과 위험감수를 기존에 실행되고 있던 절차와 제도에 잘 연결시킴으로써 도박을 하지 않고서도 엄청난 가능성을 회사 전체에 퍼뜨릴 수 있다.

1. 위험감수

우선 위험감수에 대해 살펴보자. 사실 경영자가 더 두려워하는 것은 혁신보다는 위험감수의 잘못된 사용이기 때문이다.

위험감수를 제도화하는 것에 대한 경영자의 두려움은 단순한 이유에서 온다. 잘못 사용하면 회사의 존재 자체를 위협할 수 있기 때문이다. 직원의 과도한 위험감수 때문에 거대한 회사가 완전히 사라진 경우는 많다. 베어스턴스(Bear Sterns)와 리먼브라더스(Lehman Brothers)

의 사례를 본 경영진은 상당한 위험을 감수하기를 꺼려 한다. 그러나 우리가 앞서 살펴본 것처럼 회사를 예측가능한 성공 단계에 머무르게 하려면 위험을 감수해야 한다.

이 문제의 답은 위험감수 절차를 이미 시행하고 있는 다른 절차와 제도에 연결시키는 데 있다. 즉, 위험감수 활동에 제한을 두고 규제를 함으로써 이러한 활동으로 회사에 손해를 주지 않고, 회사를 보다 사업적이고 유연하게 만듦으로써 혜택을 줄 수 있는 범위 안에서 위험을 감수하는 것이다. 구체적으로는 위험감수를 협력정신과 멘토링, 코칭에 직접적으로 연결시켜 관리한다.

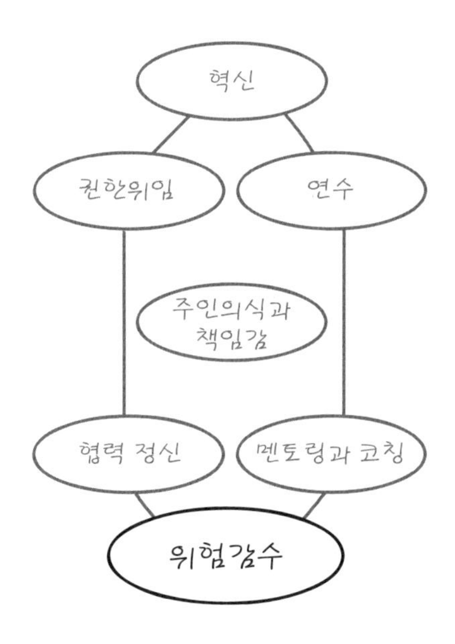

그림 11-2 기업에서의 위험감수 관리

이렇게 함으로써 2가지를 확신할 수 있다. 우선 위험감수를 제한함으로써 위험감수가 회사의 사명, 비전, 가치와 일치를 이룰 때만 발생할 수 있게 한다. 분명한 경계선을 긋는 것이다. 사업의 중심과 상관없이 어떤 제품, 서비스, 활동에 무모한 내기를 걸 수도 없고, 정해진 틀에서 벗어나서도 안 되며, 통제 불능이거나 독자적 행동도 있을 수 없다.

다음으로 위험감수가 항상 투명하게 멘도링과 코칭관계 안에서만 수행되게 함으로써 보다 노련한 멘토나 코치로부터 실수에 대한 지원을 보장할 수 있다. 그리고 어떤 직원도 자신의 권한만으로 회사를 위험에 노출시킬 수 없다는 것도 확실히 할 수 있다.

2. 혁신

이제 혁신으로 가보자. 혁신은 사업적 열의와 비전을 회사 전체에 제도화하는 데 없어서는 안 될 요소이다. 경영자가 혁신 때문에 회사의 생사를 걱정하지는 않는다. 그보다는 직원들이 부적절하고 실현 불가능하거나 무모한 생각을 하도록 내버려두는 것, 시간, 힘, 돈과 자원 낭비를 하는 것에 걱정을 한다.

경영진의 이러한 걱정은 논리적이고 부당하지 않다. 이미 시행하고 있는 절차와 제도에 혁신을 연결시키는 방법으로 적절한 답을 구할 수 있다. 이는 혁신 절차를 제한하고 통제함으로써 인력과 자원, 비용을 낭비하지 않고 회사에 혜택을 준다는 인식을 주어 혁신을 수행하게 하는 것이다.

이 경우에는 혁신을 권한위임과 연수에 직접 연결시킴으로써 관리한다. 이렇게 함으로써 2가지를 얻을 수 있다. 개개인이 권한을 부여받은 범위 내에서만 혁신을 시도함으로써 무모하거나 부적절한 프로젝트가 아닌 진짜 도전과제에만 혁신이 적용된다. 두 번째로, 효과적인 혁신 방법에 대한 수준 높고 개발적인 연수에 모든 직원이 참여함으로써 과열과 비효율성을 줄일 수 있다.

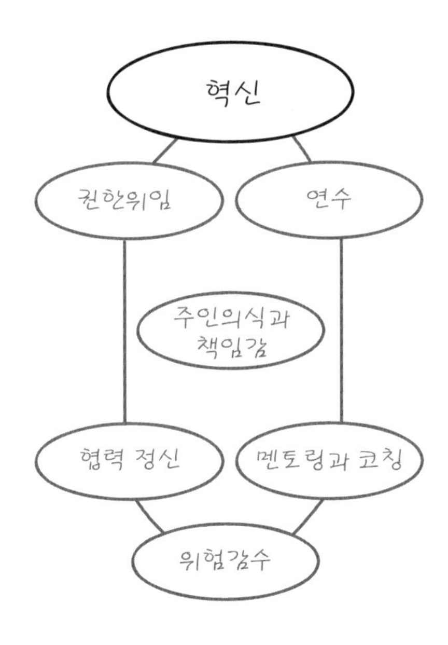

그림 11-3 기업에서의 혁신 관리

3. 전체 구조의 안전망

기존의 절차와 제도에 혁신과 위험감수를 연계함으로써 혁신과 위험감수에 대한 일차적인 통제권을 얻는다. 그리고 혁신과 위험감수에 긍정적인 영향을 주는 요소가 또 있다. 예를 들어 앞서 재구성한 채용 절차는 혁신가, 즉 위험을 무릅쓰는 직원을 고용할 수 있게 해준다. 그리고 성과관리 절차는 혁신이나 위험감수의 부적절한 활동을 확인하고 뿌리 뽑을 수 있게 해준다. 복합기능팀은 위험감수의 경계를 정하고 관리할 수 있으며, 멘토링과 코칭이 보완을 이루도록 해준다. 또한 업무 배정에 있어 기한제 임기는 회사 활동의 모든 측면에 새로운 인식을 가져다준다.

예측가능한 성공의 요체: 주인의식과 책임감

이제 회사가 예측가능한 성공에 들어가고 머무르기 위한 3가지 필요한 단계를 완수했다.

첫째, 회사를 급류에서 예측가능한 성공으로 옮길 수 있는 의사결정 절차와 제도를 실시한다.

둘째, 회사를 쳇바퀴에서 꺼내 예측가능한 성공으로 이끄는 직원 중심의 절차와 제도를 실시한다.

셋째, 혁신과 위험감수를 회사 전체에 제도화시킨다.

최종 결과는 다음과 같다.

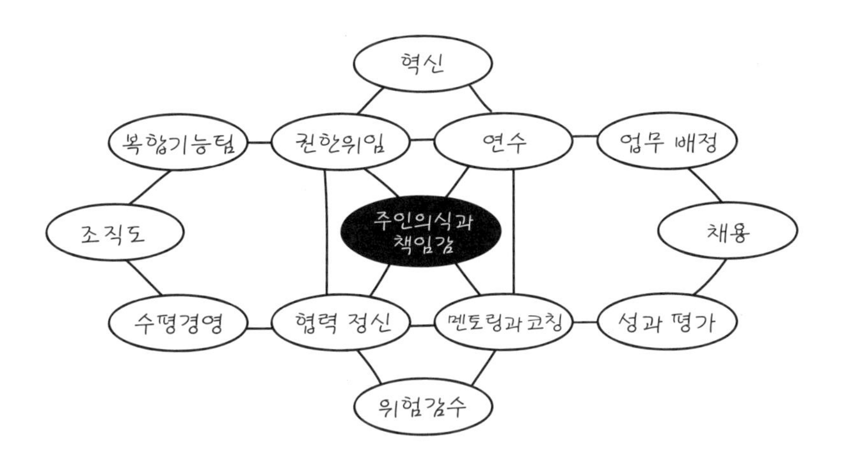

그림 11-4 완성된 예측가능한 성공구조

예측가능한 성공구조의 핵심은 개개인의 주인의식과 책임감이 회사 전체에 퍼져 있는 것이다. 개개인은 열정이 있고 어느 정도의 권한을 부여받았으며, 각 부서는 실제적인 성과를 내는 데 책임을 가진다. 구조화된 창의력, 혁신, 위험감수를 담당하는 직원은 주어진 목표를 달성하고, 그것이 결국 회사를 성공으로 발전시킨다.

Summary

- 회사는 여러 번 예측가능한 성공에 진입했다가 떨어지기도 한다. 그러나 성공 단계에 오래 머무는 것도 가능하다.
- 그러기 위해서는 급류에서 예측가능한 성공으로 가는 데 필요한 의사결정 절차와 제도, 직원을 보유해야 한다.
- 이것은 회사가 쳇바퀴 단계를 거친 이후에 예측가능한 성공에 오래 머무를 가능성이 더 크다는 것을 의미한다.
- 회사는 반드시 혁신과 위험감수를 제도화시키고, 회사 전체에 퍼뜨려야 한다.
- 이로 인해 생길 수 있는 위험은 혁신과 위험감수를 연결함으로써 완화할 수 있다.
- 예측가능한 성공의 요체는 주인의식과 책임감에 대한 건전한 문화의 존재이다. 직원들은 실제 결과를 내는 것과 목표를 달성하기 위해 창의력, 혁신, 위험감수에 역량을 기울여야 한다.

성공을 결정짓는 생각 차이

1쇄 발행 2014년 7월 15일
2쇄 발행 2016년 3월 25일

지은이 레스 맥케온
옮긴이 정향
펴낸곳 도서출판 말글빛냄
펴낸이 한정희
주소 파주시 회동길 445-1 경인빌딩 B동 4층
전화 02-325-5051 · **팩스** 02-325-5771
홈페이지 www.wordsbook.co.kr
등록 2004년 3월 12일 제313-2004-000062호
ISBN 978-89-92114-94-3 03320
가격 12,000원